ABC Deutsch

2

Yoshitaka Kakinuma
Yoko Kurogo
Megumi Sato
Matthias Wittig
Takashi Yahaba

HAKUSUISHA

音声ダウンロード

この教科書の音源は白水社ホームページ
（https://www.hakusuisha.co.jp/download/）から
ダウンロードすることができます。
（お問い合わせ先：text@hakusuisha.co.jp）

DL 02 ダウンロード音源収録箇所

音声収録：Diana Beier-Taguchi ／ Matthias Wittig
イラスト：ビティヒ洋未
本文デザイン：多田昭彦

はじめに

Herzlich willkommen! ドイツ語の世界へようこそ！

『ABC ドイツ語 1』に続いて、本書では、できるだけパートナーと口頭練習をしたりしながら、仕組みを実際に使いながら覚えることを目指しました。この『ABC ドイツ語 2』では、さらに複雑なことも表現できることを目指しています。『1』と同様に、「ドイツ語の筋肉」を少しずつ鍛えていってください。そして、だんだんにスムーズな動きとなるように練習してみてください。

本書には、形容詞の語尾変化や接続法など、すぐに使いこなすことが難しい項目もいくつか含まれています。こうした項目については、まずは「仕組み」の大枠を覚えてください。つまり、形容詞の語尾変化であれば、「ドイツ語では形容詞が名詞を修飾すると語尾がつく」ことなどを頭に入れて、そのうえで、皆さんがすでに知っている Guten Tag! の -en がこの仕組みから生まれていることを理解してくれるといいのです。実際に「使いこなす」ことは、その次のステップと考えてください。「接続法」（英語の仮定法）でも、英語と同じように、動詞の形を普通の言い方と変えることで、要望や非現実などが表現できるという「仕組み」を捉えるのが大切なのです。その後で少しずつ、自分でも表現を試してみてください。

1 つの課は 3 つの見開き 6 ページで構成されています。最初の 2 つの見開きでは、Dialog を読んだり、実際に発話した後に、言葉を入れ替えながらパートナーと練習しましょう。見開きの右ページでは、ドイツ語の仕組みを説明しています。それを読んで、仕組みを理解したら、6 ページ目の練習問題で実践してみましょう。さらに 5 ページ目ではドイツ語のまとまった文章を読んでみましょう。ここは訳読するのが目的ではなく、ドイツ語をドイツ語らしく読み慣れる練習が主眼です。訳は、必要に応じて、先生に教えてもらってください。

この教科書を通して、皆さんがドイツ語の世界をさらに楽しんでくださることを願っております。

著者一同

目　次

Lektion 1
Sei bitte nicht so streng! / Könntest du mir beim Lesen helfen?

できるようになること お願いしたり、要請したりする

ドイツ語の仕組み 命令形、接続法第2式（ていねいなお願い）

A. Sei bitte nicht so streng!

DL 02

Aika: Ach, die Küche ist so ein Chaos!
Leo? Leeeeoooo!
Leo: Was denn? Ich bin beschäftigt.
Aika: Schau mal, dein Geschirr steht schon so lange hier.
Spül es bitte! Sonst kommen Kakerlaken!
Leo: Ach, ich wollte es schon noch abspülen.
Aika: Dann mach's sofort!
Leo: Sei bitte nicht so streng, Aika!
Du bist wie meine Mutter ...

パートナーと語句を入れ替えながら練習しましょう。 DL 03

● ***Spül dein Geschirr*** **bitte!** 君の食器を洗う
◆ **Sei bitte nicht so streng!**

台所の仕事	**Wasch das Gemüse!** 野菜を洗う	**Schneide das Fleisch!** 肉を切る	**Stell den Topf auf den Herd!** 鍋を火にかける
	Deck den Tisch! テーブルの用意をする	**Hol die Getränke aus dem Keller!** 地下室から飲み物を持ってくる	

今度は君たち(ihr)に対して

◆ ***Spült euer Geschirr*** **bitte!** 君たちの食器を洗う
● **Seid bitte nicht so streng!**

台所の仕事	**Wascht das Gemüse!** 野菜を洗う	**Schneidet das Fleisch!** 肉を切る	**Stellt den Topf auf den Herd!** 鍋を火にかける
	Deckt den Tisch! テーブルの用意をする	**Holt die Getränke aus dem Keller!** 地下室から飲み物を持ってくる	

課の最後にある基本練習1を解いてみましょう。➡p.11

ドイツ語の仕組み

1. 命令形（du, ihr, Sieに対して）不定詞の語幹に次の語尾を付けて作ります。

不定詞 -en	duに対して－! / －e!*	ihrに対して－t!	Sieに対して－en Sie!
machen　する	**Mach!**	**Macht!**	**Machen Sie!**
kommen　来る	**Komm!**	**Kommt!**	**Kommen Sie!**
hören　聞く	**Hör!**	**Hört!**	**Hören Sie!**
zu|hören　注意して聞く〈分離動詞〉	**Hör zu!**	**Hört zu!**	**Hören Sie zu!**

* 日常語ではduに対する命令形は -! の形（語尾 e が付かない形）が一般的ですが、文語・雅語では -e! も使われます。

Schlaf**e**, schlaf**e**, holder süßer Knabe(!)　眠れ、眠れ、愛らしいかわいい男の子よ。（シューベルトの子守歌）

* 語幹が -d, -t, -ig で終わる動詞（finden, arbeiten, entschuldigenなど）の場合、duに対する命令形は-e! となります。

例: Finde „Wally“!:「ウォリーを見つけて！」（ドイツ語圏では„Wo ist Walter?“のタイトル）

Arbeite!: 働け！　Entschuldige!: ごめん！

* 「お願い」するときにはbitteを入れます。bitteの位置は文頭、文末、文の途中でも構いません。

Bitte gib mir das Salz! / Gib mir das Salz, ***bitte***! / Gib mir ***bitte*** das Salz!　その塩を渡して、お願い。

2. 命令形の作り方

1）duに対する命令形：①主語 du を省き、②現在形の語尾 -st を取り去り、感嘆符（！）を付けます。

［現在形］　［命令形］

Du kommst morgen.　君は明日来る。　→　**Komm** morgen!　明日来なさい。

Du arbeitest hier.　君はここで働く。　→　**Arbeite** hier!　ここで働きなさい。

* duでe ⇒ i/ie に変音するタイプの動詞では、命令形でも変音して語尾を取ります。

Du sprichst laut.　君は大きな声で話す。　→　**Sprich** laut!　大きな声で話しなさい。

Du liest das Buch.　君はその本を読む。　→　**Lies** das Buch!　その本を読みなさい。

* ただし、a ⇒ äタイプの動詞は変音せず、幹母音（語幹の母音）は a のままです。

Du f**ä**hrst schnell.　君は速く運転する。　→　**Fahr** schnell!　速く運転しなさい。

Du schl**ä**fst gut.　君はよく眠る。　→　**Schlaf** gut!　よく眠りなさい。

2）ihrに対する命令形：ihrの現在形から主語ihrを省き、感嘆符（！）を付けます。

Ihr kommt morgen.　君たちは明日来る。　→　**Kommt** morgen!　明日来なさい。

Ihr arbeitet hier.　君たちはここで働く。　→　**Arbeitet** hier!　ここで働きなさい。

3）Sieに対する命令形：現在形の主語と動詞を倒置して、感嘆符（！）を付けます。

Sie kommen morgen.　あなた（たち）は明日来る。→ **Kommen** Sie morgen!　明日来てください。

3. seinとwerdenの命令形

sein動詞とwerden「...になる」の命令形は次のような形になります。

不定詞	duに対して	ihrに対して	Sieに対して	
sein	**Sei** ruhig!	**Seid** ruhig!	**Seien** Sie ruhig!	静かにして。
werden	**Werd(e)** nicht krank!	**Werdet** nicht krank!	**Werden** Sie nicht krank!	病気にならないで。

B. Könntest du mir beim Lesen helfen?

DL 04

Aika: Leo, hast du jetzt Zeit?
Leo: Nein, ich habe noch einiges zu erledigen. Was gibt es denn?
Aika: Ich habe ein Konto bei der ABC-Bank.
Und heute habe ich einen Brief bekommen.
Leo: Und wie kann ich dir helfen?
Aika: Ich möchte alles genau verstehen.
Könntest du mir beim Lesen helfen?
Leo: Kein Problem, zeig mir den Brief einmal!

パートナーと語句を入れ替えながら練習しましょう。

DL 05

● **Könntest/Würdest du** ___*mir beim Lesen helfen*___ **?**　読むときに手伝う
◆ **Kein Problem!**

mir beim Übersetzen helfen 翻訳の手助けをする	**mit zur Bank gehen** 一緒に銀行に行く	**beim Gespräch dabei sein** 話すときにそばにいる
meinen Brief korrigieren 私の手紙を修正する	**die Stelle besser formulieren** その箇所をもっと上手に表現する	

今度は、Sieを使って練習しよう。

● **Könnten/Würden Sie** ___*mir beim Lesen helfen*___ **?**　読むときに手伝う
◆ **Kein Problem!**

課の最後にある基本練習2を解いてみましょう。➡p.11

4. 接続法第2式（ていねいなお願い）

- お願いをする時のさまざまな表現

Bitte laut sprechen!（不定詞を使って） 大きな声で話すように。

Sprechen Sie bitte laut!（命令形を使って） 大きな声で話してください。

Können Sie bitte laut sprechen?（könnenを使って） 大きな声で話してくれますか？

Könnten Sie bitte laut sprechen?（接続法を使って） 大きな声で話していただけませんか？

Würden Sie bitte laut sprechen?（接続法を使って） 大きな声で話していただけませんか？

- könntenとwürdenは、könnenとwerdenの接続法第2式（英語の仮定法過去）の形です。
- **Könnten** Sie（英: *Could you*）...?、**Würden** Sie（英: *Would you*）...?「もしよかったら～してくれませんか？」、「～してくれれば嬉しいのですが」のように、あたかも非現実であるかのように、控えめにていねいに表現します（bitteを付けると、よりていねいな依頼の表現になります）。
- KönntenとWürdenのどちらも、ほぼ同じニュアンスで使うことができます。

duに対して: **Könntest / Würdest** du das <u>bitte</u> noch einmal wiederholen?

ihrに対して: **Könntet / Würdet** ihr das <u>bitte</u> noch einmal wiederholen?

Sieに対して: **Könnten / Würden** Sie das <u>bitte</u> noch einmal wiederholen?

それをもう一度繰り返してもらえませんか？

- 接続法第2式は過去基本形をもとにして作られます。不規則動詞の第2式は、もとにする形（過去基本形）の幹母音がa, o, u であれば変音（ウムラウト）します。

könnenの過去基本形：konnte → **könnte**　　werdenの過去基本形：wurde → **würde**

könnte (< können)		**würde** (< werden)	
ich könnte	wir könnte**n**	ich würde	wir würde**n**
du könnte**st**	ihr könnte**t**	du würde**st**	ihr würde**t**
er / es / sie könnte	sie könnte**n**	er / es / sie würde	sie würde**n**
Sie könnte**n**		Sie würde**n**	

＊ この第1課ではkönnteとwürdeのdu, ihr, Sieだけ覚えてください。接続法については、第9と10課で詳しく学習します。

- ていねいに「～したいのですが」というときには、möchte（☞『ABCドイツ語1』第4課・第8課、mögenの接続法第2式）を使います。

mögenの過去基本形：mochte → möchte

Ich **möchte** gern mit dir tanzen.　君とダンスをしたいんだけど。

Möchtest du gern ein Glas Bier (haben)?　君はビールを一杯飲みたい？

ドイツ語の文章を読んでみましょう。

DL 06

Flüchtlingspolitik in Deutschland

Jedes Jahr machen sich hunderttausende Flüchtlinge auf den Weg nach Europa. Sie sind auf der Suche nach Sicherheit, einem Job, einem neuen Leben. Das Grundgesetz der Bundesrepublik Deutschland sichert politisch Verfolgten ein Grundrecht auf Asyl. So will das Land seine historische und humanitäre Verpflichtung erfüllen, Flüchtlinge aufzunehmen. Heute kommen wieder mehr Flüchtlinge nach Deutschland. Auch die Zahl der Menschen, die in Deutschland arbeiten oder studieren wollen, steigt. Im Jahr 2022[zweitausendzweiundzwanzig] wanderten ca. 2,7[zwei Komma sieben] Millionen Menschen in die Bundesrepublik ein. Laut einer Studie liegt Deutschland als Einwanderungsland auf Platz zwei nach den USA.

語句 **jedes Jahr:** 毎年（das Jahr: 年） **sich[A/4] auf den Weg machen:** 旅立つ、目指して行く **hunderttausende:** 数十万（人）の **der Flüchtling, -e:** 難民 **auf der Suche nach ...[D/3]:** …を探し求めて **die Sicherheit:** 安全 **der Job:** 仕事 **das Grundgesetz:** 基本法（ドイツの実質的な憲法） **die Bundesrepublik Deutschland (= BRD):** ドイツ連邦共和国 **sichern:** 確保する **politisch Verfolgten:** 政治的な迫害を受けた人たちに〔複数Dat.[3格]〕 **das Grundrecht:** 基本的権利 **das Asyl:**（難民などの）庇護 **historisch:** 歴史的な **humanitär:** 人道的な **die Verpflichtung:** 義務 **erfüllen:** 満たす **auf|nehmen:** 受け入れる **weniger:** より少ない **die Zahl:** 数 **die in Deutschland arbeiten und studieren wollen:** ドイツで仕事をしたり大学で学びたいと思う(人々)〔**Menschen**「人々」にかかる関係文〕 **steigen:** 上る、増える **ein|wandern:** 移住してくる **laut ...[G/2もしくはD/3]:** …によれば **die Studie** [シュトゥーディエ]**:** 調査、研究 **das Einwanderungsland:** 移住先の国 **auf Platz zwei:** 第2位の **nach ...[D/3]:** …の後に、について **die USA** [複]**:** アメリカ合衆国

より正確で美しい発音を目指しましょう【音節はじめのsp/st, sch】

DL 07

- 語頭/音節はじめのsp, stは[ʃp, ʃt]と発音します。次の文を読んでください。

Spül es bitte!	Sei bitte nicht so **st**reng!
Ach, ich wollte es noch ab**sp**ülen.	Ich wollte alles genau ver**st**ehen.

練習 Student　Sprache　Spiegel　spazieren gehen　entstehen　versprechen　DL 08

- またsch は[ʃ]と発音します。　**Sch**au mal, dein Ge**sch**irr **st**eht **sch**on so lange da.　DL 09

練習 schade　schon　schön　schwer　schwimmen　frisch　Fisch　Englisch　DL 10

基本練習1 かっこ内の動詞を適切な形〈ひとつめの動詞は現在形に、ふたつめの動詞は命令形〉にして下線部に書き入れ、パートナーと練習しましょう。

1) ● Du __________ (kommen) immer zu spät. __________ (sein) pünktlich! — ◆ Ja, o.k.

2) ● Du __________ (sprechen) immer leise. __________ (sprechen) laut! — ◆ Ja, o.k.

3) ● Ihr __________ (arbeiten) nicht so gern. __________ (arbeiten) fleißig! — ◆ Ja, o.k.

4) ● Du __________ (fahren) zu schnell. __________ (fahren) vorsichtig! — ◆ Ja, o.k.

5) ● __________ (haben) du Kopfschmerzen? __________ (nehmen) dieses Medikament! — ◆ Ja, o.k.

基本練習2 例にならって、ていねいな依頼をしてみましょう。答えは „Ja, natürlich! ..." で。

例：**das Fenster schließen**（Sieに対して）

● **Könnten/Würden Sie bitte das Fenster schließen?**

◆ **Ja, natürlich! Ich schließe das Fenster.**

1) **die Tür öffnen**（duに対して）

● ______________________________ — ◆ **Ja, natürlich! Ich öffne** ____________________

2) **sofort Herrn Müller anrufen**（Sieに対して）

● ______________________________ — ◆ **Ja, natürlich! Ich** ____________________

3) **den Weg zum Bahnhof erklären**（ihrに対して）

● ______________________________ — ◆ **Ja, natürlich! Wir** ____________________

4) **das Formular ausfüllen**（Sieに対して）

● ______________________________ — ◆ **Ja, natürlich!** ____________________

5) **mir die Zeitung holen**（duに対して）

● ______________________________ — ◆ **Ja, natürlich!** ____________________

【中性以外の国名のいくつか】

die Bundesrepublik Deutschland = die BRD: ドイツ連邦共和国〔ただし(das) Deutschland〕

die Schweiz: スイス　die Ukraine [ウクラ**イ**ーネ]: ウクライナ

die USA [複]: アメリカ合衆国〔ただし(das) Amerika〕

die Niederlande [複]: オランダ〔ただし(das) Holland〕

der Iran: イラン　der Iraq: イラク

in der Schweiz: スイスで	**in** den USA: アメリカで	**im** Iran: イランで
in die Schweiz: スイスへ	**in** die USA: アメリカへ	**in** den Iran: イランへ

Lektion 2

Hast du Lust, mit uns spazieren zu gehen?/ Es geht nicht nur um uns selbst, sondern auch um die Zukunft der Menschheit.

できるようになること 未来のことを話す

ドイツ語の仕組み zu不定詞句、非人称表現，相関接続詞

A. Hast du Lust, mit uns spazieren zu gehen?

DL 11

Leo: Hast du Lust, mit uns spazieren zu gehen?
Anna und ich gehen in den Stadtwald.

Aika: Nein, ich habe leider keine Zeit.

Leo: Wieso denn nicht? Hast du etwas zu erledigen?

Aika: Ja, ich möchte zu Hause bleiben, um eine Hausarbeit zu schreiben.
Die muss ich bis Ende des Monats abgeben.

Leo: Dann hast du noch Zeit. Komm, es ist gut, mal frische Luft zu atmen.

Aika: Also gut. Ich komme mit.

パートナーと語句を入れ替えて練習しましょう。

DL 12

◆ **Hast du Lust,** *mit uns spazieren zu gehen* **?** 私たちと散歩に行く

in die Stadt zu fahren 街へ行く	**schwimmen zu gehen** 泳ぎに行く	**mitzukommen** 一緒に行く
meine Oma zu besuchen 私のおばあちゃんを訪ねる	**für uns das Stück vorzuspielen** 私たちのためにその曲を演奏する	

● **Ja, gerne! / Nein, es tut mir leid, ich habe etwas zu erledigen.**
喜んで！ / いいえ、悪いけど、済ませないといけないことがある。

課の最後にある基本練習1と2を解いてみましょう。➡p.17

ドイツ語の仕組み

1. zu不定詞句

- ドイツ語のzu不定詞句は、英語のto不定詞句に相当します。ドイツ語の不定詞句では動詞（不定詞：-en/-nで終わる辞書に出ている形）が最後に来るため、日本語と同様の語順になります。この不定形の前にzuを付けると，zu不定詞句ができます。

日本語　　図書館で１冊の本を読む

ドイツ語　　in der Bibliothek ein Buch lesen

in der Bibliothek ein Buch **zu** lesen　図書館で1冊の本を読む(こと)

- 注意したいzu不定詞のかたち

分離動詞の場合: mitkommen => mit**zu**kommen　一緒に来る(こと)

einsteigen => ein**zu**steigen　乗車する(こと)

- 完了形や助動詞構文など、動詞要素が2つ以上あるときは、最後の不定詞の前にzuを置きます。

Deutsch sprechen **zu** können　ドイツ語を話せる(こと)

Deutsch gesprochen **zu** haben　ドイツ語を話した(こと)

2. zu不定詞句の用法

- zu不定詞句には、英語と同じく、**a. 名詞的用法**、**b. 形容詞的用法**、**c. 副詞的用法** があります。
- 副文の場合と同じように、zu不定詞句の前後は基本的にコンマで区切ります。

a. 名詞的用法：「～すること」

Mein Wunsch ist, einmal nach Deutschland **zu** reisen.
私の願いは、一度ドイツへ旅行することです。

Es ist verboten, hier **zu** parken.　ここに駐車することは禁止されています。

＊ 英語の*It is ... to*に相当します。

b. 形容詞的用法：直前の名詞を修飾します。

Hast du Zeit, mit mir einkaufen **zu** gehen?　僕と買い物に行く時間はある？

c. 副詞的用法

um ... zu 不定詞：「～するために」（英：*in order to ...*）

Ich studiere an dieser Universität Germanistik, **um** später Übersetzer **zu** werden.
後で翻訳家になるために、この大学でドイツ学を専攻しています。

ohne ... zu 不定詞：「～することなしに」（英：*without ...ing*）

Er ging, **ohne** ein Wort **zu** sagen.　彼は一言も言わずに、行ってしまった。

- **haben ... zu不定詞**：「～しなければならない」（英：*have to ...*）

Wir **haben** diesen Text bis morgen ins Japanische **zu** übersetzen.
私たちはこのテキストを明日までに日本語に訳さないといけない。

- **sein ... zu不定詞**：「～されうる、～されるべき」（英語：*be to ...*）

Die Hausarbeit **ist** bis Montag ab**zu**geben.　レポートは月曜日までに提出すること。

B. Es geht nicht nur um uns selbst, sondern auch um die Zukunft der Menschheit.

DL 13

Aika: Na, wie geht es dir? Du siehst so deprimiert aus.
Leo: Schau mal, dieses Buch hier.
Darin geht es um Klimaschutz.
Aika: Das Buch macht dir so große Sorgen?
Leo: Ja, genau! Bald kommt die Katastrophe.
Wir müssen an unsere Kinder und Enkel denken.
Darauf kommt es an.
Aika: Ja, du hast recht. Wir müssen etwas tun.
Es geht nicht nur um uns selbst, sondern auch um die Zukunft der Menschheit.

パートナーと語句を入れ替えながら練習しましょう。

DL 14

● Liest du ein Buch? Ist es interessant?

◆ Ja, es geht ___*um Klimaschutz*___ .　温暖化対策

um Umweltschutz 環境保護	**um das Leben unserer Kinder und Enkel** 私たちの子孫の生命/生活
um die Zukunft der Menschheit 人類の未来	**um erneuerbare Energien** 再生可能なエネルギー

● Klimawandel ist ein großes Problem.

◆ Ja, es kommt ___*auf jeden (Menschen)*___ an!　個々人

auf unser Bewusstsein 私たちの意識	**auf unsere Handlungen** 私たちの行動
auf unsere Entscheidungen 私たちの決意	

課の最後にある基本練習3を解いてみましょう。➡p.17

ドイツ語の仕組み

3. 非人称表現

- 自然現象（天候・気候など）や時刻を表す場合に用いられ、特定のものを受けない代名詞 es のことを、非人称のes（英語の *it* に相当）と呼びます。

Es regnet.（英： *It rains.*） 雨が降る。

Es schneit.（英： *It snows.*） 雪が降る。

Es ist kalt. 寒い。

Es ist heiß. 暑い。

Wie spät ist **es** jetzt? — **Es** ist acht Uhr. いま何時ですか。— 8時です。

- 非人称 es を主語とする熟語的表現

a. es gibt + Akk. (4格)「〜がある」

In diesem Dorf **gibt es** keinen Bahnhof. この村には駅がない。

Wie viele Oberschulen und Universitäten **gibt es** in der Stadt?

その都市にはいくつの高校と大学がありますか？

b. es geht +（人の）Dat. (3格)「〜の調子・（健康）状態は…である」

Wie **geht es** Ihnen? — Danke, **es geht** mir gut. Und Ihnen?
（あなたは）お元気ですか。— ありがとう、（私は）元気です。あなたはいかがですか。

c. es geht um + Akk. (4格)「（問題は）〜である」

Hier **geht es um** die Zukunft der Menschheit. ここで問題になっているのは人類の将来である。

d. es kommt auf + Akk. (4格) an「…が重要である、…次第である」

Spielen wir später Tennis? —**Es kommt auf** das Wetter **an**.
後でテニスをしようか？ — 天気次第だね。

4. 相関接続詞

- 接続詞のなかには、前後ふたつの要素が組になって熟語として用いられる相関接続詞があります。

nicht ..., sondern ... …ではなくて、…
nicht nur ..., sondern auch ... …だけではなく、…もまた
sowohl ... als auch ... …も…も
zwar ..., aber ... …ではあるが、しかし…
entweder ... oder ... …かまたは…
weder ... noch ... …も…もない

Er kommt **nicht** heute, **sondern** morgen. 彼は今日ではなく、明日来る。

Er kommt **nicht nur** heute, **sondern auch** morgen. 彼は今日だけではなく、明日も来る。

Peter spricht **sowohl** Englisch **als auch** Russisch. ペーターは英語もロシア語も話す。

Mein Vater ist **zwar** alt, **aber** noch kräftig. 私の父は年は取っているが、まだ元気だ。

Er kommt **entweder** heute **oder** morgen. 彼は今日か明日、やって来る。

Thomas spricht **weder** Englisch **noch** Russisch. トーマスは英語もロシア語も話さない。

ドイツ語の文章を読んでみましょう。

DL 15

Umweltpolitik in Deutschland

Der Klimawandel bedroht die Umwelt und ist täglich Thema in den Medien. Doch es gibt auch zahlreiche andere Umweltprobleme. Z.B. trieben bereits 2017 mehr als 160 Millionen Tonnen Plastikmüll in den Weltmeeren: natürlich auch in Nord- und Ostsee. Außerdem wird die Aufbereitung des Trinkwassers für den Menschen immer komplizierter und somit teurer. Problematisch ist auch der Umgang mit Gentechnik in der Landwirtschaft, weil viele Leute diese Technik ablehnen. Und nicht zuletzt spielt der Umgang mit dem Müll eine große Rolle. Für eine moderne Abfallpolitik ist es wichtig, dass man Abfall recycelt beziehungsweise möglichst sinnvoll wiederverwertet. So kann man Ressourcen einsparen und Abfall vermeiden.

語句 **die Umwelt:** 環境　**die Politik:** 政治、政策　**der Klimawandel:** 気候変動　**bedrohen:** 脅かす　**täglich:** 日々　**das Thema:** テーマ　**die Medien (*Pl.*):** メディア　**zahlreich:** 数多くの　**ander-:** 他の　**z.B. = zum Beispiel:** 例えば　**trieben < treiben**「(流されて) 行く」の過去形 (複数)　**bereits:** すでに　**mehr als ...:** …よりも多くの　**die Million, -en:** 百万　**die Tonne, -n:** トン　**der Plastikmüll:** プラスチックごみ　**das Weltmeer, -e:** 世界の海　**natürlich:** もちろん　**die Nordsee:** 北海　**die Ostsee:** バルト海　**außerdem:** その他に　**die Aufbereitung:** 浄化　**das Trinkwasser:** 飲用水　**immer + 比較級:** 次第に〜 (になる)　**komplizierter < kompliziert**「複雑な、面倒な」の比較級　**somit:** それをもって　**teurer < teuer**「値段が高い」の比較級　**problematisch:** 問題だ　**der Umgang:** つきあい　**die Gentechnik:** 遺伝子技術　**die Landwirtschaft:** 農業　**weil:** 〜なので　**viele Leute:** 多くの人々が　**ab|lehnen:** 拒否する　**nicht zuletzt:** とりわけ　**der Müll:** ごみ　**eine (große) Rolle spielen:** (大きな) 役割を果たす　**der Abfall:** ごみ　**die Abfallpolitik:** ごみ政策　**wichtig:** 重要な　**recyceln:** リサイクルする　**beziehungsweise:** もしくは　**möglichst:** できるだけ　**sinnvoll:** 有意義な　**wieder|verwerten:** 再活用する　**die Ressource, -n** (一般に複数形で)**:** 資源　**ein|sparen:** 切り詰める　**vermeiden:** 避ける

より正確で美しい発音を目指しましょう。【[h]の発音】

DL 16

- Hamburgと言うときの[ha]は日本語の「ハ」と同じですが、Hundと言うときの[hʊ]は「フ」とは異なります。ちょうどundの[ʊ]と同様に口を丸めて、頭にhを付けて発音します。

  Er kommt **h**eute nicht.　　Hoffentlich ist es nicht so schlimm. — Das **h**offe ich auch.

  Hans **h**ört **h**interm **H**olzhaus **H**ubert **H**ansen **h**eiser **h**usten. (Zungenbrecher 早口言葉)

- hは語頭以外では前の母音を長く伸ばします。

  Hast du Lust, mit uns spazieren zu ge**h**en?　　Du sie**h**st so deprimiert aus.

練習 Autobahn　Hahn　Huhn　Ohr　Stuhl　Uhr　sehr　DL 17

また、h と f の違いに注意しましょう。

Hund – Fund　drei Hunde – drei Funde　hell – Fell　Held – Feld　DL 18

基本練習1　例にならって、「いいえ、それは禁止されています」と答えましょう。

● **Darf ich hier parken? — ◆ Nein, es ist verboten, hier zu parken.**

1) ● **Darf ich in der Bibliothek essen? — ◆** ______________________________

2) ● **Darf ich hier mit dem Handy telefonieren? — ◆** ______________________________

3) ● **Darf ich hier den Blitz benutzen? — ◆** ______________________________

基本練習2　例にならって、「～する気・暇はある？」と聞いてみましょう。答えは „Ja, natürlich!" で。

例：**Lust / mit mir tanzen**（du / dirに対して）

● **Hast du Lust, mit mir zu tanzen? — ◆ Ja, natürlich! Ich tanze gerne mit dir.**

1) **Zeit / mit mir ins Kino gehen**（du / dirに対して）

● ______________________________

◆ **Ja, natürlich! Ich gehe gerne** ______________________________.

2) **Lust / mit uns ans Meer fahren**（ihr / euchに対して）

● ______________________________

◆ **Ja, natürlich! Wir** ______________________________.

3) **Zeit / mich anrufen**（du / dichに対して）

● ______________________________

◆ **Ja, natürlich! Ich rufe** ______________________________.

基本練習3　次の熟語を使い、下線の単語を「1つの～」に入れ替えてパートナーと練習しましょう。

es gibt + Akk. (4格)「～がある」

例：**das Restaurant > ein Restaurant**　レストラン

● **Entschuldigung, gibt es in der Nähe* ein Restaurant?**　　* **in der Nähe**　近くに

◆ **Ja, gehen Sie hier geradeaus, dann links/rechts.**

1) **der Kiosk > einen Kiosk**　街角の売店

● ______________________________.

◆ **Ja, gehen Sie hier geradeaus, dann** ______________.

2) **das Café > ein Café**　カフェ

● ______________________________.

◆ **Ja, gehen Sie** ______________________________.

3) **die Bushaltestelle > eine Bushaltestelle**　バス停留所

● ______________________________.

◆ **Ja,** ______________________________.

Lektion 3

Ich gehe auf jeden Fall, denn ich muss ein Geschenk für meine Mutter kaufen. / Er kommt heute nicht, weil er zum Arzt gehen muss.

できるようになること 理由を詳しく説明する

ドイツ語の仕組み 副文、接続詞のさまざま

A. Ich gehe auf jeden Fall, denn ich muss ein Geschenk für meine Mutter kaufen. DL 19

Aika: Es regnet sehr stark. Gehen wir trotzdem in die Stadt?

Leo: Ja, ich gehe auf jeden Fall, denn ich muss ein Geschenk für meine Mutter kaufen.

Aika: Das brauchst du so bald?

Leo: Ja, sie hat morgen Geburtstag.

Aika: Aber Leo, so was erledigt man doch nicht einen Tag vorher ...

Leo: Ja ja, ich weiß. Aber ich hatte früher keine Zeit.

Aika: Na gut, dann gehen wir.

パートナーと語句を入れ替えて練習しましょう。 DL 20

◆ Es regnet sehr stark. Gehen wir trotzdem in die Stadt?

● Ich gehe auf jeden Fall, *denn ich muss ein Geschenk für meine Mutter kaufen*.

というのも、お母さんのためのプレゼントを買わないと

denn ich soll für meinen Vater ein Buch kaufen というのも、お父さんのために本を買うように言われている
denn ich muss meine Schwester vom Kino abholen というのも、姉を映画館でピックアップしないといけない
denn ich möchte meinem Bruder ein Notizbuch besorgen. というのも、弟にメモ帳を買ってあげたい

◆ *Es regnet nicht so heftig. Dann gehen wir!* もう雨もそんなに強くない。じゃあ行こう！

● O.k. / Alles klar! / Einverstanden!

Es ist so kalt. Trotzdem gehen wir! とっても寒い。それでも行こう！
Es schneit! Also bauen wir einen Schneemann!
雪が降っている！ それじゃあ雪だるまを作ろう！
Der Taifun ist da. Deshalb bleiben wir zu Hause.
台風が来たよ。だから家にいよう。

課の最後にある基本練習1を解いてみましょう。➡p.23

ドイツ語の仕組み

1. 接続詞（並列の接続詞と副詞的接続詞）

a. 並列の接続詞は文と文を対等に結ぶ接続詞で、文頭に置かれても後の語順に影響を与えません。
（→ 第1課）

und	**sondern**	**oder**	**denn**	**aber**	**doch**
そして	そうではなく	あるいは	というのも	しかし	しかしながら

Er geht ins Kino(,) **und** seine Schwester geht ins Konzert.
彼は映画に行き、彼の妹はコンサートに行く。

Es regnet heftig, **aber** ich gehe angeln.
雨が激しく降っている。しかし私は釣りに行く。

Wir bleiben zu Hause, **denn** das Wetter ist schlecht.
私たちは家にいる、というのも天気が悪いからだ。

0	I	II	
und	**seine Schwester**	**geht**	**ins Konzert.**
aber	**ich**	**gehe**	**angeln.**
denn	**das Wetter**	**ist**	**schlecht.**

b. 他にも「副詞的接続詞」というものがあります。

例：**dann**「それから」、**also**「それならば」、**deshalb**「そのため」、**danach**「その後で」など。
「副詞的接続詞」が文頭（I）に置かれると、次の2番めの位置（II）に動詞が来ることになるため、主語は動詞の後ろに位置することになります。

Erst regnete es, **dann** schneite es.　はじめは雨で、それから雪になった。
Es regnet nicht mehr, **also** gehe ich angeln!　もう雨が降っていない、それじゃあ釣りに行くぞ！
Sie war erkältet, **deshalb** fehlte sie drei Tage.　彼女は風邪をひいていた。そのため、3日間欠席した。
Erst war ich beim Arzt, **danach** habe ich eingekauft.　私はまず医者に行き、そのあと買い物をした。

0	I	II	
	dann	**schneite**	**es.**
	also	**gehe**	**ich angeln!**
	deshalb	**fehlte**	**sie drei Tage.**
	danach	**habe**	**ich eingekauft.**

B. Er kommt heute nicht, weil er zum Arzt gehen muss.

DL 21

Aika: Warum kommt der Professor nicht? Ist er etwa krank?

Assistent: Er kommt heute nicht, weil er zum Arzt gehen muss.

Aika: Ach, was hat er denn?

Assistent: Ich weiß nur, dass er zu Hause auf der Treppe gestürzt ist.

Aika: O nein! Hoffentlich ist es nicht so schlimm.

Assistent: Das hoffe ich auch.

パートナーと語句を入れ替えて練習しましょう。

DL 22

◆ **Warum kommt er nicht?**

● **Er kommt nicht,** *weil er zum Arzt gehen muss* **.** 医者に行かないといけないから

> **weil er einen Arzttermin hat** 医者の予約が入れてあるから
> **wenn es kalt wird und stark regnet** 寒くなって雨が強く降ると
> **obwohl er uns versprochen hat, unbedingt zu kommen** 絶対に来ると約束していたのに

● **Was hat er denn?**

◆ **Ich weiß nur,** *dass er auf der Treppe gestürzt ist* **.** 階段から落ちたこと

> **dass er einen Hexenschuss hat** ギックリ腰になったこと
> **dass er eine Operation hatte** 彼が手術を受けたこと
> **dass seine Partnerin plötzlich ins Krankenhaus gehen musste**
> 彼のパートナーが急に入院しなければならなかったこと
> **dass sein Sohn erkältet war und dass er bei ihm bleiben wollte**
> 彼の息子が風邪をひいて、彼が息子の世話をしようとしたこと

課の最後にある基本練習2を解いてみましょう。➡p.23

2. 副文、従属接続詞

・ドイツ語ではメインの文を主文(Hauptsatz)、主文に従属するサブの文を副文(従属文 Nebensatz)と呼びます。副文(従属文)を作る接続詞を従属接続詞と呼びます。

dass(英:*that*) 〜ということ	**wenn**(英:*if, when*) 〜ならば、〜のとき	**weil**(英:*because*) 〜なので
obwohl(英:*although*) 〜にもかかわらず	**bevor**(英:*before*) 〜の前に	**ob**(英:*if*) 〜かどうか
während(英:*while*) 〜の間	**als**(英:*when*) 〜したときに	**da**(英:*as, since*) 〜なので　　など

・副文の最大の特徴は、定動詞(人称変化した動詞)が文末に位置することです。また、主文と副文は、かならずコンマで区切られます。

Ich gehe morgen angeln.　　Es **wird** wieder warm.
明日釣りに行きます。　　また暖かくなる。

主文　　副文

Ich gehe morgen angeln, **wenn** es wieder warm ***wird***.
また暖かくなれば、明日釣りに行きます。

・副文を前に置いた場合には、主文の主語と動詞が倒置します。副文全体が文の一要素と見なされて、1の位置を占めたと考えるからです。

Ich gehe angeln, **obwohl** es ***regnet***.

Obwohl es ***regnet***, ***gehe*** ich angeln.　雨が降っているにもかかわらず、私は釣りに行きます。

・分離動詞の場合には、動詞は人称変化したかたちで一語で文末に位置します。

Bevor ich morgens ***aufstehe***, höre ich im Bett Nachrichten.
私は朝起きる前に、ベッドのなかでニュースを聞きます。

Ich gehe schwimmen, **wenn** der Regen ***aufhört***.　雨が止んだら泳ぎに行くよ。

・助動詞のある文や完了形の文のように、動詞要素が複数ある場合でも定動詞(主語や時制でかたちが定まった動詞)が文末に位置するという原則は変わりません。

Wenn Thomas heute jobben ***muss***, gehen wir nicht in die Stadt.
トーマスが今日バイトしないといけないのならば、僕たちは街に行かないよ。

Ist es wahr, **dass** er schon weggefahren ***ist***?　彼がもう去ってしまったというのは本当なの?

・間接疑問文も副文になるので、定動詞後置(動詞が文末)となります。

Weißt du, **wann** er heute Abend ***kommt***?　彼が今晩いつ来るのか(君は)知ってる?

ドイツ語の文章を読んでみましょう。 DL 23

Bayreuther Festspiele

Haben Sie Interesse an Opern? Wenn Sie im Sommer nach Süddeutschland fahren, dann empfehle ich Ihnen, einmal Bayreuth zu besuchen. Seit 1876 [achtzehnhundertsechsund-siebzig] finden in fast jedem Jahr in der kleinen fränkischen Stadt die Wagnerfestspiele statt. Zu diesem Anlass kommen viele Fans des Komponisten und zahlreiche Prominente in die Stadt. Das Festspielhaus konzipierte der Komponist und Gründer der Festspiele speziell für seine Musikdramen. Seien Sie bitte gut vorbereitet, weil die Opern Wagners meistens sehr lange dauern. Eine Aufführung der „Nürnberger Meistersinger" dauert ca. sechs Stunden!

語句 **Bayreuther:** バイロイトの **das Festspiel, -e:** （音楽、演劇などの）祝祭 **Interesse an ...** $^{D/3}$ **haben:** …に関心がある **die Oper, -n:** オペラ **(das) Süddeutschland:** 南ドイツ **empfehlen:** 勧める **mal:** ちょっと **seit ...**$^{D/3}$**:** …以来 **in fast jedem Jahr:** ほぼ毎年 **fränkisch:** フランケン **(Franken)**地方の **Wagner = Richard Wagner:** リヒャルト・ヴァーグナー（19世紀後半の作曲家） **zu diesem Anlass:** この機会に（**der Anlass:** 機会） **der Fan, -s:** ファン **der Komponist:** 作曲家〔単数**Nom.** (1格)は**der Komponist**，他の格では**den/dem/des Komponisten**となる「男性弱変化名詞」〕 **zahlreich:** 数多くの **Prominente < prominent**「著名な」(形容詞)の名詞化「著名な人々が」 **das Festspielhaus:** 祝祭劇場 **konzipierte < konzipieren**「コンセプトを考える」の過去形 **der Komponist und Gründer der Festspiele:** 作曲家にして祝祭の創設者 = **Wagner**（**der Gründer < gründen**「創設する」） **speziell:** 特別に **das Musikdrama, ...dramen:** 楽劇（**Wagner**は自分のオペラを「楽劇」と呼んだ） **seien Sie gut vorbereitet:** よく準備していってください（**vorbereitet:** 準備のできた） **meistens:** たいてい **dauern:** 時間がかかる **die Aufführung:** 上演 **die Nürnberger Meistersinger:** 『ニュルンベルクのマイスタージンガー』 **ca. = circa:** およそ **die Stunde, -n:** 時間

より正確で美しい発音を目指しましょう。【Wortakzent (語アクセント)】 DL 24

・ドイツ語では合成語を含めて、語アクセントは基本的に最初の音節に置かれます。

Géhen wir trótzdem in die Stadt.＊　　＊ここではアクセント記号は2音節以上の語でのみ表示

Hóffentlich ist es nicht so schlimm. Ánna und ich géhen in den Stádtwald.

Ich muss die Háusarbeit bis Énde des Mónats ábgeben.

・過去分詞の前綴り ge- や Geschenk, Geburtstag のように過去分詞から派生した語、非分離動詞の前綴り（be-, er-, ge-, ver-, zer-, emp-, ent- など）にはアクセントがありません。またstudieren, Dokument, Katastrophe, Studentなどの外来語は語末の音節に置かれます。

Hast du etwas zu erlédigen?　Du siehst so depremíert aus.　Bald kommt die Katastróphe.

練習 fotografieren　interessieren　Fotografie　Chemie　Mathematik　Musik　DL 25
Energie　Psychologie　Animation　Diskussion

基本練習1　かっこ内の接続詞を用いて1文にし、パートナーの質問に答えましょう。

1) ● **Was macht ihr heute?**

◆ ____.

Ich gehe schwimmen. Mein Bruder liest zu Hause. [und]

2) ● **Geht er heute aus?**

◆ ____.

Nein, er bleibt zu Hause. Es schneit draußen. [denn]

3) ● **Wann machst du die Hausaufgaben?**

◆ ____.

Ich esse zu Mittag. Ich mache die Hausaufgaben. [danach]

4) ● **Kannst du nicht gleich kommen?**

◆ ____.

Nein, ich mache die Hausaufgaben. Ich muss einkaufen. [dann]

基本練習2　かっこ内の接続詞を用いて文を作り、パートナーの質問に答えましょう。

1) ● **Warum ist Thomas nicht da?**

◆ **Er ist nicht da, weil** __________________________.

[weil] Er ist erkältet.

2) ● **Ist dir nicht wohl? Du solltest zu Hause bleiben.**

◆ **Ich muss zur Arbeit gehen,** __________________________.

[obwohl] Ich habe Kopfschmerzen.

3) ● **Was machen Sie morgen?**

◆ **Wir spielen Tennis,** __________________________.

[wenn] Der Wind hört auf. (auf|hören：やむ)

4) ● **Er kann nicht kommen. Weißt du das?**

◆ **Ja, ich weiß,** __________________________.

[dass] Er kann nicht kommen.

【健康や病気にかかわる語彙のいくつか】

gesund: 健康な	die Gesundheit: 健康	„Gesundheit!“: 「(くしゃみをした人に)お大事に！」
krank: 病気の	die Krankheit: 病気	die Krankenversicherung: 健康保険
erkältet: 風邪をひいた	die Erkältung: 風邪	das Fieber: 熱
der Arzt, die Ärztin: 医者	die Praxis: 医院	das Krankenhaus: 病院
behandeln: 診療する	die Operation: 手術	operieren: 手術する
die Apotheke: 薬局	das Medikament: 薬	der Apotheker, die Apothekerin: 薬剤師
der Hexenschuss: ギックリ腰 (魔女の一撃)		der Muskelkater: 筋肉痛 (筋肉の二日酔い)

Lektion 4

Die Bücher, die er schreibt, sind sehr interessant!/ Hast du schon alles, was du brauchst?

できるようになること 様子を詳しく説明できる

ドイツ語の仕組み 関係文、関係代名詞、wer/was、指示代名詞

A. Die Bücher, die er schreibt, sind sehr interessant!

DL 26

Aika: Kennst du den Mann?
Der steht da und schaut auf sein Smartphone.

Anna: Du meinst den Mann, der eine rote Brille trägt?

Aika: Ja, genau.

Anna: Ja, den kenne ich. Er ist Schriftsteller.
Die Bücher, die er schreibt, sind sehr interessant!

Aika: Dann muss ich mal etwas von ihm lesen.

パートナーと語句を入れ替えて練習しましょう。

DL 27

● **Kennst du** *den Mann* **?** *Der steht da und schaut auf sein Smartphone* **.**
男の人　　その人はそこに立っていてスマホを覗いている

◆ **Meinst du** *den Mann, der eine rote Brille trägt* **?** 赤い眼鏡をしている男の人

● **die Frau: Die sitzt im Café und liest.** 女の人　その人はカフェに座って読書している
◆ **die Frau, die ein weißes Kleid anhat** 白いワンピースを着ている女の人

● **das Mädchen: Das läuft da mit einem Hund.** 女の子　その子は犬と一緒にあそこを走っている
◆ **das Mädchen, das ein blaues T-Shirt trägt** 青のTシャツを着ている女の子

● **die Kinder: Die spielen dort Fußball.** 子どもたち　その子たちはそこでサッカーをしている
◆ **die Kinder, die eine grüne Uniform tragen** 緑のユニフォームを着ている子どもたち

課の最後にある基本練習1と2と3を解いてみましょう。➡p.29

ドイツ語の仕組み

1. 関係文、関係代名詞

- 「あそこに立っている男の人」のように言うときには、英語と同様に関係代名詞を使います。関係代名詞は副文を作るので、定動詞は後置されます。

  Der Mann, **der** dort ***steht***, ist mein Lehrer.　あそこに立っている男の人は、私の先生です。

- 関係代名詞の格変化は、大部分が定冠詞と同じ形です（下の表の太字になっている箇所は、定冠詞の格変化と異なります）。

	男　性	中　性	女　性	複　数
Nom.（1格）	der	das	die	die
Akk.　(4格)	den	das	die	die
Dat.　(3格)	dem	dem	der	**denen**
Gen.　(2格)	**dessen**	**dessen**	**deren**	**deren**

- 関係文（関係代名詞が導く文）の作り方：

  次の二つの文を、関係代名詞を使って一つの文にします。

  関係代名詞の性・数は先行詞と一致し、格は関係文のなかの役割によって決まります。

  ① Ich kenne den Mann.　私はその男性を知っています。

  ② Er steht am Fenster.　彼は窓辺に立っています。

  →Ich kenne den Mann, **der** am Fenster ***steht***.　窓辺に立っている男性を、私は知っています。

  手順1：関係文にする文（②）のなかにある人称代名詞（Er）を、性・数・格が同じである関係代名詞に変えて、関係文の先頭に置く：er（男性Nom. [1格]）→ der （関係代名詞・男性Nom. [1格]）

  手順2：関係文のなかの動詞（steht）を文末に置く（定動詞後置）。

  手順3：関係文をコンマで区切る（主文と副文はコンマで区切られます）。

- 「～の」という所有冠詞（meinなど）は、同じ性・数・格のGen. [2格)]の関係代名詞を使います。

  ① Der Student arbeitet fleißig.　その学生は一生懸命勉強します。

  ② Sein Vater ist Professor.　彼のお父さんは大学教授です。

  → Der Student, **dessen** Vater Professor ***ist*** , arbeitet fleißig.

  お父さんが大学教授であるその学生は、一生懸命勉強します。

- 前置詞と結びついている場合は、関係代名詞は前置詞と一緒になって関係文の先頭に来ます。

  Dort ist die Schule, **in der** ich Deutsch gelernt ***habe***.　あそこに私がドイツ語を習った学校がある。

2. 指示代名詞

- 指示代名詞は強く指示するときに用いられ、名詞の繰り返しを避けるために使われます。文頭に置くことが多く、定冠詞よりも、強く長めに発音されます。指示代名詞と関係代名詞の格変化は全く同じです。

  Kennen Sie den Mann dort? — Ja, **den** kenne ich gut.

  あそこの男性を知っていますか？ — ええ、あの人ならよく知っていますよ。

B. Hast du schon alles, was du brauchst?

DL 28

Aika: Juchu! Morgen bleibt das Wetter schön. Ich bin sehr aufgeregt!
Leo: Hast du schon alles, was du brauchst?
Aika: Ja, natürlich!
Leo: Wunderbar!
Gut vorbereitet ist halb gewonnen.
Aika: Was bedeutet das?
Leo: Wer gut vorbereitet ist, hat auch Erfolg.

パートナーと語句を入れ替えて練習しましょう。

DL 29

● Hast du schon *alles, was du brauchst* ?
◆ Ja, natürlich! / Ja, selbstverständlich! / Nein, noch nicht. Bitte hilf mir ...

alles, was du kaufen wolltest 買おうと思っていたものすべて	**alles, was du deiner Oma bringen musst** おばあちゃんに持って行かないといけないものすべて
(das), was wir besorgen mussten 私たちが用意しないといけなかったもの	**(das), was du auf dem Flohmarkt verkaufen willst** フリーマーケットで売りたいもの

● *Gut vorbereitet ist halb gewonnen* . 準備がよくできていれば半分勝っている。
◆ Was bedeutet das?
● *Wer gut vorbereitet ist, hat auch Erfolg* .

Eile mit Weile. ［日本語だと何ということわざ？］
Wer Eile hat, muss wohl bedacht sein.
急いでいる者は、しっかり慎重でなければ。

Morgenstunde hat Gold im Mund. ［日本語だと？］
Wer früh aufsteht, hat gute Chancen. 早起きをする者にはチャンスがある。

Übung macht den Meister. ［日本語だと？］
Wer viel übt, wird Experte. たくさん練習する者は、エキスパートになる。

課の最後にある基本練習4を解いてみましょう。➡p.29

3. 不定関係代名詞wer/was

- 先行詞を必要とせず、不特定の一般的な人や事物を表す関係代名詞を、不定関係代名詞と呼びます。関係代名詞を用いた関係文と同じく、定動詞は後置されます。

- **wer**「～する人（は誰でも）」（英：*who*）

  Wer mitkommen will, ist willkommen.　一緒に行きたい人は、誰でも歓迎します。

  Wer zuletzt lacht, lacht am besten.
  最後に笑う者がいちばんよく笑う。（ことわざ：真の勝敗は最後にならないとわからない）

- **was** は不特定の事物を表し、先行詞をとる場合ととらない場合があります。

a. 先行詞をとる場合：中性の代名詞（etwas,　alles,　nichtsなど）や、中性名詞化した形容詞（特に最上級）を先行詞とします。

Er hat alles, **was** er braucht.（先行詞：alles）
必要とするものを、彼はすべて持っている。

Ich habe nichts, **was** ich dir geben kann.（先行詞：nichts）
君にあげられるものは何もない。

Das ist das Beste, **was** du tun kannst.（先行詞：das Beste）
それが君にできる最善のことだ。

b. 先行詞をとらない場合：「～すること、～するもの」（英：*what*）

Was du gesagt hast, ist richtig.　君が言ったことは正しい。

Erzählen Sie bitte, **was** Sie erlebt haben!　あなたが体験したことを話してください。

- 不定関係代名詞wer, wasの格変化は、疑問代名詞wer「誰」、was「何」と同じです。

	wer	was
Nom. [1格]	**wer**	**was**
Akk.　[4格]	**wen**	**was**
Dat.　[3格]	**wem**	
Gen.　[2格]	**wessen**	**wessen**

Wen wir lieben, [den]* möchten wir nicht verlieren.（wen = werのAkk. [4格]）
愛する人を、私たちは失いたくない。

* ［応用］werによる関係文は主文の前に置かれることが多く、格を明示するために、後続する主文の文頭に男性の指示代名詞der (dessen, dem, den) を置くことがあります。ただし、wer – der, wen – denという対応の場合は、指示代名詞は省略されます。

ドイツ語の文章を読んでみましょう。 DL 30

Michael Ende

Michael Ende (1929-1995) ist einer der erfolgreichsten deutschen Jugendbuchautoren, die auch international berühmt sind. Zu seinen bekanntesten Werken zählen *Die unendliche Geschichte* (はてしない物語) **und *Momo*** (モモ). **Wer seine Geschichten liest, ist von ihnen fasziniert. 1989 [neunzehnhundertneunundachtzig] heiratete Michael Ende die Japanerin Mariko Sato, die auch *Die unendliche Geschichte* ins Japanische übersetzt hat. Michael Ende starb im Alter von nur 65 [fünfundsechzig] Jahren. 2029 [zweitausendneunundzwanzig] wäre er 100 [einhundert] Jahre alt geworden.**

語句　**einer der ...:** …のひとり　**erfolgreichst- < erfolgreich**「成功した」の最上級　**Jugendbuchautor, -en:** 青少年向け文学の作家（**die Jugend:** 青少年　**der Autor, -en:** 作家）　**international:** 国際的に　**berühmt:** 高名な　**bekanntest- < bekannt**「知られた」の最上級　**das Werk, -e:** 作品　**zu ...** [D/3] **zählen:** …に数えられる　**die Geschichte, -n:** 物語　**liest < lesen:** 読む　**davon:** それにより〔ここでは「物語」を指す〕　**fasziniert:** 魅了された〔**faszinieren**「魅了する」の過去分詞〕　**...**[A/4] **heiraten:** …と結婚する　**ins Japanische übersetzen:** 日本語に翻訳する　**starb < sterben**「死ぬ」の過去形　**im Alter von ... Jahren:** …歳で（**das Alter:** 年齢）　**wäre ... geworden < werden**「なる」の接続法第２式非現実話法「（もし生きていたら）になっていただろう」（→ 第10課）

より正確で美しい発音を目指しましょう。【文アクセント (Satzakzent)】 DL 31

- 文アクセントは基本的に名詞、動詞、形容詞、副詞に置かれます。ただし指示代名詞や強調される語についてはアクセントが置かれ、強い声で、はっきりとゆっくり発音します。

Kennst du den Mann? Der steht da und schaut auf sein Smartphone.
Ja, den kenne ich. Er ist Schriftsteller.
Du machst morgen eine Radtour, oder?
Ich bin sehr aufgeregt.
Gut vorbereitet ist halb gewonnen.

練習　次のどこに文アクセントが置かれるか意識して読んでみましょう。 DL 32

Hast du Lust, mit uns sprazieren zu gehen? — Nein, ich habe leider keine Zeit.
Wer seine Geschichten liest, ist von ihnen fasziniert.
2029 [zweitausendneunundzwanzig] wäre er 100 [einhundert] Jahre alt geworden.

基本練習1 次の二つの文を関係代名詞を使って一つの文にし、パートナーの質問に答えましょう。
関係代名詞（Nom.［1格］）の練習です。

1) ● Wer ist der Mann? [*Er* sitzt da im Café.]
◆ Meinst du den Mann, ______________________________?

2) ● Wer sind die Kinder? [*Sie* spielen dort Fußball.]
◆ Meinst du die Kinder, ______________________________?

3) ● Wer ist das Kind? [*Es* macht da Judo und ist sehr stark.]
◆ Meinst du das Kind, ______________________________?

4) ● Wer ist die Frau? [*Sie* hat gerade das Tennisspiel gewonnen.]
◆ Meinst du die Frau, ______________________________?

基本練習2 次の二つの文を関係代名詞を使って一つの文にし、パートナーの質問に答えましょう。

1) ● Wer ist die Frau?
◆ Das ist die Frau, der ____________________ .
（Das ist die Frau. Ich muss *ihr* helfen.）

2) ● Wer sind die Kinder?
◆ Das sind _______ , deren Eltern ____________________.
（Das sind die Kinder. *Ihre* Eltern sind sehr bekannt.）

3) ● Wer ist der Mann?
◆ Das ist _________ , den ____________________ .
（Das ist der Mann. Ich habe *ihn* gestern angerufen.）

基本練習3 下線部に適切な指示代名詞を入れましょう。

1) ● Wie gefällt Ihnen das Hemd? — ◆ _______ gefällt mir sehr gut.
2) ● Wie gefallen dir die Schuhe? — ◆ _______ gefallen mir nicht so gut.
3) ● Wie findet ihr den Rock? — ◆ _______ finden wir schön.
4) ● Wie finden Sie die Hose? — ◆ _______ finde ich sehr schick.

基本練習4 下線部に適切な不定関係代名詞（wer, was）を入れましょう。

1) ● Was möchtest du zu Mittag essen? — ◆ Ich esse alles gern, _________ du kochst.
2) ● Entschuldigung, was kostet dieses T-Shirt?
◆ 8 Euro. _________ jetzt kauft, kauft 20% (Prozent) billiger.
3) ● Was kaufen Sie hier? — ◆ In diesem Geschäft gibt es nichts, _________ mir gefällt.
4) ● Bist du gut vorbereitet? — ◆ Ja, ich habe alles, _________ ich brauche.

【ドイツ語が公用語（Amtssprache）の国々】

Deutschland ドイツ	Österreich オーストリア	die Schweiz スイス
Liechtenstein リヒテンシュタイン	Belgien ベルギー	Luxemburg ルクセンブルク

Lektion 5

Ich möchte einen silbernen Stift und zwei rote Stifte./ Studierende zahlen 6 Euro.

できるようになること ものごとをより詳しく説明できる

ドイツ語の仕組み 形容詞の用法、形容詞の格変化

A. Ich möchte einen silbernen Stift und zwei rote Stifte.

DL 33

Aika: Hallo, ich möchte Buntstifte.

Verkäufer: Sehr gern. Welche Farben?

Aika: Ich möchte einen silbernen Stift und zwei rote Stifte.

Verkäufer: Hier, bitte sehr.

Aika: Was kosten die?

Verkäufer: Der silberne [Stift] kostet 1,50 Euro, die zwei roten [Stifte] kosten 2 Euro. Brauchen Sie eine Tüte?

Aika: Nein, danke. Das geht so.

パートナーと語句を入れ替えて練習しましょう。

DL 34

● **Hallo, ich möchte** ***Buntstifte*** **.** 色鉛筆

◆ **Sehr gern. Welche Farben?**

● **Ich möchte** ***einen silbernen Stift und zwei rote Stifte*** **.** 銀色１本と赤色２本

> **Buntstifte / einen goldenen Stift und drei blaue Stifte** 金色1本と青色3本
> **Ersatzminen** 替え芯 **/ zwei grüne und sechs dunkelblaue Minen** 緑色2本とブルーブラック6本
> **Lineale** 定規 **/ ◆ Sehr gern. Welche? / ein kleines Geodreieck und einen großen Winkelmesser**
> 小さな三角定規１つと大きな分度器

● **Was kosten die?**

◆ ***Der silberne [Stift] kostet 1,50 Euro, die zwei roten [Stifte] kosten 2 Euro*** **.**

銀色のは1,50ユーロ、赤色2本は2ユーロです。

> **Der goldene [Stift] kostet .... Euro, die drei blauen [Stifte] kosten .... Euro.**
> **Die zwei grünen kosten .... Euro, die sechs dunkelblauen kosten .... Euro.**
> **Der kleine kostet .... Euro, der große kostet .... Euro.** 金額は自由に入れてみましょう。

課の最後にある基本練習1を解いてみましょう。➡p.35

ドイツ語の仕組み

1. 形容詞の用法：形容詞には、次の3つの用法があります。

a. 述語的用法：Das Lied ist **schön**.　その歌は美しい。

b. 副詞的用法：Sie singt **schön**.　彼女は美しく歌う。

c. 付加語的用法：形容詞が名詞を修飾する用法です。形容詞には語尾が付きます。

Sie singt ein **schönes** Lied.　彼女は美しい歌を歌う。

Das **schöne** Lied heißt „das Veilchen".　その美しい歌は「すみれ」という。

2. 形容詞の格変化

- 付加語的用法の形容詞にどのような語尾が付くかは、形容詞の前にどのような冠詞（類）が来ているかによって決まります。

a. 形容詞＋名詞、不定冠詞（類）＋形容詞＋名詞

形容詞の前に明確な語尾をもつ定冠詞（類）がない場合：形容詞自体が明確に強く語尾変化します。

roter Wein 赤ワイン　　ein blaues Kleid 青いワンピース　　meine neue Jacke 私の新しい上着

形容詞＋名詞　男性・中性Gen.(2格)には名詞にすでにGen.(2格)を示す語尾が付いているので、形容詞には弱い語尾-enが付きます。

	男性	中性	女性	複数
N [1格]	rot**er** Wein	kalt**es** Bier	frisch**e** Milch	frisch**e** Brote
A [4格]	rot**en** Wein	kalt**es** Bier	frisch**e** Milch	frisch**e** Brote
D [3格]	rot**em** Wein	kalt**em** Bier	frisch**er** Milch	frisch**en** Brote**n**
G [2格]	rot**en** Wein**s**	kalt**en** Bier**s**	frisch**er** Milch	frisch**er** Brote

不定冠詞（類）＋形容詞＋名詞　不定冠詞に語尾が付かない△の箇所で、形容詞が強く（dieser型）変化します。

	男性	中性	女性	複数
N [1格]	ein △ alt**er** Anzug	ein △ blau**es** Kleid	ein**e** neu**e** Jacke	mein**e** rot**en** Schuhe
A [4格]	ein**en** alt**en** Anzug	ein △ blau**es** Kleid	ein**e** neu**e** Jacke	mein**e** rot**en** Schuhe
D [3格]	ein**em** alt**en** Anzug	ein**em** blau**en** Kleid	ein**er** neu**en** Jacke	mein**en** rot**en** Schuhe**n**
G [2格]	ein**es** alt**en** Anzug**s**	ein**es** blau**en** Kleid**es**	ein**er** neu**en** Jacke	mein**er** rot**en** Schuhe

b. 定冠詞（類）＋形容詞＋名詞

形容詞の前に明確な語尾をもつ定冠詞（類）がある場合：形容詞には弱い語尾 -e, -enが付きます。

der alte Anzug 古い背広　　das blaue Kleid 青いワンピース　　diese neue Jacke この新しい上着

定冠詞（類）＋形容詞＋名詞

	男性	中性	女性	複数
N [1格]	der alt**e** Anzug	das blau**e** Kleid	die neu**e** Jacke	die rot**en** Schuhe
A [4格]	den alt**en** Anzug	das blau**e** Kleid	die neu**e** Jacke	die rot**en** Schuhe
D [3格]	dem alt**en** Anzug	dem blau**en** Kleid	der neu**en** Jacke	den rot**en** Schuhe**n**
G [2格]	des alt**en** Anzug**s**	des blau**en** Kleid**es**	der neu**en** Jacke	der rot**en** Schuhe

B. Studierende zahlen 6 Euro.

DL 35

Aika: **Leo, weißt du was?**
Im Lenbachhaus gibt es eine Sonderausstellung über Japonismus.
Hast du Lust darauf?

Leo: **Au ja! Wie viel kostet der Eintritt?**

Aika: **Einen Moment ... Eine Eintrittskarte für Erwachsene kostet 12 Euro.**
Studierende zahlen 6 Euro.

Leo: **Prima. Wann wollen wir gehen? Am Freitagnachmittag habe ich frei.**

Aika: **Dann am Freitag, also am fünfzehnten Mai. Um 14 Uhr gehen wir los.**

Leo: **Alles klar!**

パートナーと語句を入れ替えて練習しましょう。

DL 36

● **Wie viel kostet der Eintritt?**

◆ ***Studierende zahlen 6 Euro.*** 学生は6ユーロ。

Erwachsene zahlen 12 Euro. 大人は12ユーロ。
Jugendliche bis einschließlich 17 Jahre zahlen 3 Euro. 17歳までの青少年は3ユーロ。
Ermäßigungsberechtigte zahlen 4 Euro. 割引対象者は4ユーロ。

● **Wann wollen wir gehen?**

◆ ***Am Freitag, also am fünfzehnten Mai.*** 金曜日、つまり5月15日に。

Am Samstag, also am ersten März. 土曜日、つまり3月1日に。
Am Tag der (Deutschen) Einheit, also am dritten Oktober.
(ドイツ)統一の日、つまり10月3日に。
Am kommenden Sonntag, also am ....
次の日曜日、つまり...............に。

課の最後にある基本練習2と3を解いてみましょう。➡p.35

3. 応用：形容詞の名詞化

・名詞を省いて形容詞を大文字書きすることで、形容詞を名詞的に用いることができます。形容詞の変化語尾はそのまま残します。男性形、女性形、複数形は「人」を表し、中性形は「もの、こと」を表します（Studierende「大学生」などの現在分詞については、第7課で学習します）。

der kranke Mann → der **Kranke** その病気の男性　男性Nom. [1格]
eine kranke Frau → eine **Kranke** ある病気の女性　女性Nom. [1格]
das gute Ding → das **Gute** よいもの（善）、etwas **S**chönes 何か美しいもの

＊ 中性形はetwas（英：*something*）、nichts（英：*nothing*）と一緒に用いられることが多いです。

	病人（男）	病人（女）	病人たち（複数）	善、よいもの（中性）
N [1格]	der Kranke	die Kranke	die Kranken	das Gute
A [4格]	den Kranken	die Kranke	die Kranken	das Gute
D [3格]	dem Kranken	der Kranken	den Kranken	dem Guten
G [2格]	des Kranken	der Kranken	der Kranken	des Guten
				（何か）美しいもの
N [1格]	ein Kranker	eine Kranke	— Kranke	(etwas) Schönes
A [4格]	einen Kranken	eine Kranke	— Kranke	(etwas) Schönes
D [3格]	einem Kranken	einer Kranken	— Kranken	(etwas) Schönem
G [2格]	eines Kranken	einer Kranken	— Kranker	

4. 序数、日付

・「...番目の、第...の」を意味する序数は、原則として1～19までは基数（ふつうの数字）に **-t** を、20以上には **-st** を付けて作ります。序数を数字で表すときは、数字のあとにピリオド（.）を打ちます。

1. **erst**	6. sechst	11. elft	21. einundzwanzigst
2. zweit	7. sieb[en]t	12. zwölft	30. dreißigst
3. **dritt**	8. **acht**	13. dreizehnt	100. hundertst
4. viert	9. neunt	19. neunzehnt	101. hunderterst
5. fünft	10. zehnt	20. zwanzigst	1000. tausendst

・序数詞が名詞を修飾するとき（付加語的用法）、形容詞と同じように語尾が付きます。

Ich wohne im 3. (**dritten**) Stock.　私は4階に住んでいる。

＊ ドイツでは「1階」をdas Erdgeschoss、2階から上をder **erste** Stock（2階）、der **zweite** Stock（3階）…と数えます。

・日付も序数詞で表します。

Heute ist der 4. (= der **vierte**) März.　今日は3月4日です。

Am 13. (= **dreizehnten**) Juli hat mein Sohn Geburtstag.　7月13日に私の息子は誕生日を迎える。

ドイツ語の文章を読んでみましょう。 DL 37

Hundesteuer

Jeder Deutsche, der einen Hund hat, muss einmal im Jahr eine Steuer für seinen vierbeinigen Freund bezahlen: die sogenannte Hundesteuer. Jeder, der sich einen Hund anschafft, muss den Hund bei seiner Gemeinde bzw. in seiner Stadt anmelden. Die Hundesteuer ist je nach Wohnort unterschiedlich hoch. Ein Hund kostet in Hamburg 90 [neunzig] Euro, in München 100 [einhundert] Euro und in Berlin 120 [einhundertzwanzig] Euro pro Jahr. Derzeit leben über sieben Millionen Hunde in Deutschland. Das heißt, die Gemeinden und Städte verdienen jedes Jahr ca. 309 [dreihundertneun] Millionen Euro an den Hunden. Wer seinen Hund nicht anmeldet, der muss mit einer Geldbuße von bis zu 10.000 [zehntausend] Euro rechnen.

語句 **die Hundesteuer:** 畜犬税 **jeder:** 各々の **Deutsche:** ドイツ人たち〔形容詞 **deutsch** の名詞化〕 **einmal im Jahr:** 1年に1度 **die Steuer:** 税金 **vierbeinig:** 四つ足の **sogenannt:** いわゆる **jeder [Mensch]:** 各々の人が、だれもが **sich$^{D/3}$ ...$^{A/4}$ an|schaffen:** …を購入する〔**sich**は再帰代名詞で詳しくは次のLektion 6で〕 **die Gemeinde:** 自治体 **an|melden:** 登録する、申請する **je nach ...$^{D/3}$:** それぞれ…によって **der Wohnort:** 居住地 **unterschiedlich:**異なった **derzeit:** 今のところ **über ...$^{A/4}$:** …を超えて **verdienen:** 稼ぐ **die Geldbuße:** 罰金 **mit ...$^{D/3}$ rechnen:** …を覚悟する、考慮に入れる

より正確で美しい発音を目指しましょう。【「母音弱化」】 DL 38

- 語末の e やアクセントのない前綴りの中の e は「あいまい（つぶやき）母音」と呼ばれ、母音 e が弱く発音されます（[ɐ]）。

  Ich möchte Buntestifte. Brauchen Sie eine Tüte?

練習 eine Banane eine Birne eine Zigarette frische Fische viele Deutsche DL 39

- また、アクセントのない前綴りの er- や語末の -er は -r が弱化して母音化（[ɐ]）します。 DL 40

  Er ist Schriftsteller.
  Du machst morgen eine Radtour.
  Ich muss ein Geschenk für meine Mutter kaufen.
  Ja, natürlich.
  Wunderbar.
  Hier, bitte sehr.

基本練習1　下線部に適切な語尾を入れて、パートナーと会話しましょう。

1) ● Wie gefällt Ihnen der rot__ Rock? (*m.*) — ◆ Den rot__ Rock finde ich nicht so schön.

2) ● Hier ist deine alt__ Puppe. (*f.*) — ◆ Die alt__ Puppe mag ich nicht.

3) ● Heute ist schön__ Wetter. (*n.*) — ◆ Machen wir einen klein__ Spaziergang! (*m.*)

4) ● Hier sind deine blau__ Schuhe. (*Pl.*) — ◆ Ich mag die blau__ Schuhe nicht.

5) ● Das weiß__ Hemd steht Ihnen gut. (*n.*) — ◆ Gut, dann nehme ich das weiß__ Hemd.

基本練習2　下線部に適切な語尾を入れて、パートナーと会話しましょう。

1) ● Wann hast du Geburtstag?

◆ Am nächst___ Sonntag, also am dreißigst___ April.

2) ● Wann hast du Geburtstag?

◆ Am ....（自分の誕生日！）

3) ● Der wievielt___ ist heute?

◆ Heute ist der siebt___ Juni.

4) ● Den wievielt___ haben wir heute?

◆ Heute haben wir den ....

基本練習3　下線部に適切な語尾を入れて、パートナーと会話しましょう。

1) ● Wie viel kostet der Eintritt? — ◆ Studierend___ zahlen 5 Euro.

2) ● Wie viel kostet der Eintritt? — ◆ Erwachsen___ zahlen 10 Euro.

3) ● Ich habe groß___ Durst. (*m.*) — ◆ Dann bestellen wir etwas Kalt___!

4) ● Gibt es etwas Neu___? — ◆Nein, nichts Besonder___.

【ドイツの16州(Bundesland)と州都(Hauptstadt)】

Baden-Württemberg (Stuttgart)
Bayern (München)
Berlin (—)
Brandenburg (Potsdam)
Bremen (Bremen)
Hamburg (—)
Hessen (Wiesbaden)
Mecklenburg-Vorpommern (Schwerin)
Niedersachsen (Hannover)
Nordrhein-Westfalen (Düsseldorf)
Rheinland-Pfalz (Mainz)
Saarland (Saarbrücken)
Sachsen (Dresden)
Sachsen-Anhalt (Magdeburg)
Schleswig-Holstein (Kiel)
Thüringen (Erfurt)

de.wikipediaより

Lektion 6

Wir verstehen uns doch alle gut. Mach dir keine Sorgen!/ Ich interessiere mich für die Geschichte der DDR.

できるようになること 状況をより詳しく説明できる

ドイツ語の仕組み 再帰代名詞、再帰代名詞の用法、再帰動詞

A. Wir verstehen uns doch alle gut. Mach dir keine Sorgen!

DL 41

Anna: Du siehst so traurig aus. Was ist denn los?

Aika: Ach, ich habe mich mit Leo gestritten. Wegen Müll.

Er hat mich richtig ausgeschimpft.

Und ich konnte mich nicht richtig ausdrücken ...

Anna: Lass den Kopf nicht hängen!

Ich weiß, Leo trennt den Müll nicht richtig. Ich spreche mal mit ihm.

Aika: Danke, Anna.

Anna: Wir verstehen uns doch alle gut. Mach dir keine Sorgen!

パートナーと語句を入れ替えて練習しましょう。

DL 42

◆ **Was ist denn los?**

● ***Ich habe mich mit Leo gestritten*.** レオとケンカした。

Ich streite mich gerade mit Leo! レオとケンカ中！
Ich mache mir Sorgen wegen meiner Katze. ネコのことで心配している。
Leo und Anna streiten sich gerade. レオとアンナがケンカ中。
Wir machen uns Sorgen wegen Leo. レオのことで心配している。

課の最後にある基本練習1を解いてみましょう。➡p.41

ドイツ語の仕組み

1. 再帰代名詞

- 「～自ら、自身」（英：*oneself*）を表す代名詞を再帰代名詞（Reflexivpronomen）と言います。再帰代名詞は3人称すべてと2人称敬称（Sie「あなた（方）」）でsichとなります。それ以外は人称代名詞（→『ABCドイツ語1』第3課）と同じです。

	単　数					複　数			
	1人称	2人称	3人称			2人称	1人称	2人称	3人称	2人称
N［1格］	ich	du	er	es	sie	Sie	wir	ihr	sie	Sie
A［4格］	mich	dich	**sich**	**sich**	**sich**	**sich**	uns	euch	**sich**	**sich**
D［3格］	mir	dir	**sich**	**sich**	**sich**	**sich**	uns	euch	**sich**	**sich**

Die Königin sieht **sich** im Spiegel an.　［再帰代名詞：自分のことを］
女王様は鏡の中の自分をじっと見る。

Die Königin sieht **sie** im Spiegel an.　［人称代名詞：誰か他の女性（「彼女」）を］
女王様は鏡の中の彼女（別の女性）をじっと見る。

- 再帰代名詞が「自ら」ではなく、「お互いに」という相互代名詞的な意味を表すことがあります。

Hans und Peter helfen **sich**.　ハンスとペーターは互いに助け合う。

Wir haben **uns** gut verstanden.　私たちは互いによく分かり合っていた。

Leo und Anna streiten **sich** gerade.　レオとアンナはちょうどケンカをしている。

2. 再帰動詞

- 再帰代名詞「～自ら、自身」と一緒に使われる動詞のことを再帰動詞と呼びます。再帰動詞はAkk.［4格］の再帰代名詞と用いられるものが多いですが、Dat.［3格］と使う再帰動詞もあります。

Dat.［3格］の再帰代名詞と			Akk.［4格］の再帰代名詞と		
	sich D/3 merken　覚えておく			sich A/4 freuen　喜ぶ	
	単　数	複　数		単　数	複　数
1人称	ich merke mir	wir merken uns	1人称	ich freue mich	wir freuen uns
2人称	du merkst dir Sie merken **sich**	ihr merkt euch Sie merken **sich**	2人称	du freust dich Sie freuen **sich**	ihr freut euch Sie freuen **sich**
3人称	er merkt **sich**	sie merken **sich**	3人称	er freut **sich**	sie freuen **sich**

- Dat.［3格］の再帰代名詞を用いる再帰動詞の例

sich D/3 ... A/4 merken　…を覚えておく

Diese Telefonnummer kann man **sich** gut **merken**.　この電話番号は覚えやすい。

sich D/3 ... A/4 vor|stellen　…を思いうかべる

Ich kann **mir** nicht **vorstellen**, dass sie unglücklich ist.　彼女が不幸せだなんて、私には考えられない。

B. Ich interessiere mich für die Geschichte der DDR.

DL 43

Aika: Bald kommen die Ferien. Was machst du?

Leo: Zuerst möchte ich mich von den Strapazen des Semesters erholen. Das heißt, ich mache nichts. Vielleicht gehe ich in Konzerte oder besuche Ausstellungen. Und du?

Aika: Ich fahre nach Berlin und möchte das DDR-Museum besuchen. Ich interessiere mich nämlich für die Geschichte der DDR.

Leo: Das Museum ist wirklich sehenswert. Viel Spaß dabei!

Aika: Danke, ich freue mich schon sehr!

パートナーと語句を入れ替えて練習しましょう。

DL 44

● **Wer ist denn so müde und erschöpft?** 誰がそんなに疲れてヘトヘトだって？

◆ ***Ich! Ich möchte mich erholen*** **.** 私だよ！ のんびりしたいな。

Wir! Wir möchten uns erholen. 私たちだよ！ のんびりしたいな。
Anna! Sie möchte sich erholen. アンナだよ！ のんびりしたいんだって。
Du! Du solltest* dich erholen. 君が！ 君がのんびりしないとね。
Ihr! Ihr solltet* euch erholen. 君たちだよ！ 君たちがのんびりしないとね。
* **sollte: sollen**の接続法第2式〔⇒ 第10課〕のかたちで「～するとよい」

● **Bald kommen die Ferien. Was machst du?**

◆ **Ich möchte** ***das DDR-Museum*** **besuchen.** 東ドイツ博物館
Ich interessiere mich nämlich für ***die Geschichte der DDR*** **.** 東ドイツの歴史

das Albrecht-Dürer-Haus in Nürnberg / die Kunst der deutschen Renaissance
ニュルンベルクのアルブレヒト・デューラーの家 / ドイツ・ルネサンスの芸術
die Brauerei Weihenstephan in Freising / die Geschichte des Biers
フライズィングのヴァイエンシュテファンの醸造所 / ビールの歴史
das Schloss Neuschwanstein / den bayerischen König Ludwig II [den Zweiten]
ノイシュヴァンシュタイン城 / バイエルン王ルートヴィヒ２世
.... / ....
自分で入れてみよう！

課の最後にある基本練習2と3を解いてみましょう。➡p.41

2. 再帰動詞（つづき）：Akk. [4格]の再帰代名詞を用いる再帰動詞

a. 再帰動詞としてのみ用いられる例

sich$^{A/4}$ beeilen 急ぐ
Er musste **sich beeilen**, um sein Flugzeug nicht zu verpassen.
彼は飛行機に乗り遅れないように、急がねばならなかった。

sich$^{A/4}$ erkälten 風邪をひく
Ich habe **mich erkältet**. 私は風邪をひいた。

sich$^{A/4}$ erholen 回復する、休養する
Ich habe **mich** im Urlaub gut **erholt**. 私は休暇中にすっかり元気を取り戻した。

sich $^{A/4}$ verspäten 遅れる、遅刻する
Der Bus hat **sich** um zehn Minuten **verspätet**. バスは10分遅れた。

sich$^{A/4}$ nach ...$^{D/3}$ erkundigen …のことを尋ねる、問い合わせる
Kannst du **dich** bitte an der Information **nach** dem Weg zum Flughafen **erkundigen**?
インフォメーションで空港へ行く道を聞いてきてくれる？

b. 他動詞が再帰動詞としても用いられる例

例えば他動詞 freuenは「喜ばせる」という意味ですが、再帰動詞と結びついて「自らを喜ばせる」、つまり「喜ぶ」という意味になります：...$^{A/4}$ freuen「…を喜ばせる」→ sich$^{A/4}$ freuen「喜ぶ」

sich$^{A/4}$ setzen 座る
Bitte **setzen** Sie **sich**! どうぞお座りください。

sich$^{A/4}$ über ...$^{A/4}$ freuen …のことを喜ぶ、…がうれしい
Ich **freue mich über** das Geschenk. 私はプレゼントをもらってうれしい。

sich$^{A/4}$ auf ...$^{A/4}$ freuen …のことを楽しみにする
Ich **freue mich auf** die Sommerferien. 私は夏休みを楽しみにしている。

sich$^{A/4}$ für ...$^{A/4}$ interessieren …に興味を持つ
Aika **interessiert sich für** Kunst. アイカは芸術に興味を持っている。

sich$^{A/4}$ über ...$^{A/4}$ ärgern …に腹を立てる
Ärgern Sie **sich über** den Artikel? あなたはその記事に怒っているのですか？

sich$^{A/4}$ an ...$^{A/4}$ erinnern …を思い出す、覚えている
Erinnerst du **dich** noch **an** unsere Reise? 僕たちの旅行のことをまだ覚えてる？

sich$^{A/4}$ mit ...$^{D/3}$ beschäftigen …に従事する、かかわる
Seit Jahren **beschäftigt** er **sich mit** diesem Thema. 数年来彼はこのテーマに取り組んでいる。

sich$^{A/4}$ um ...$^{A/4}$ kümmern …の面倒を見る
Sie muss **sich um** die Kinder **kümmern**. 彼女は子どもたちの面倒を見なければならない。

ドイツ語の文章を読んでみましょう。 DL 45

Eine kleine Nachtmusik

Kennen Sie die Serenade Nr. 13 für Streicher von Wolfgang Amadeus Mozart? Sie ist bekannt durch ihren Beinamen „Eine kleine Nachtmusik“. Es handelt sich bei ihr um eine sehr populäre Komposition von Mozart. Er vollendete sie bereits im August 1787, doch sie wurde erst nach seinem Tod veröffentlicht. Wenn Sie sich für die Werke Mozarts interessieren, dann sollten Sie unbedingt auch das Filmdrama *Amadeus* des Regisseurs Miloš Forman aus dem Jahr 1984 anschauen. Außerdem, wenn Sie einmal die Gelegenheit haben, besuchen Sie doch mal „Mozarts Geburtshaus“ in der Getreidegasse 9 in Salzburg. Das Haus gehört zu den meistbesuchten Museen Österreichs und ist ein Muss für alle Mozart-Liebhaber.

語句 **„Eine kleine Nachtmusik“:** アイネ・クライネ・ナハトムジーク（小夜曲） **die Serenade:** セレナーデ **der Streicher, – :** 弦楽器 **bekannt:** 知られた **der Beiname:** 別名 **es handelt sich um ...[A/4]:** …が話題/問題になっている、…のことである **populär:** 人気のある **die Komposition:** 作曲 **vollenden:** 完成する **bereits:** すでに **wurde ... veröffentlicht < veröffentlichen**「公にする」の受動形（過去） **erst:** やっと **der Tod:** 死 **sich[A/4] für ...[A/4] interessieren:** …に関心がある **sollten < sollen**の接続法第２式で「～するとよい」 **unbedingt:** 絶対に **das Filmdrama:** 映画のドラマ **der Regisseur** [レジ**セ**ーア]**:** 監督 **an|schauen:** 観る **außerdem:** その他に **die Gelegenheit:** 機会 **das Geburtshaus:** 誕生の家 **die Getreidegasse:** ゲトライデ・ガッセ（**das Getreide:** 穀物 **die Gasse:** 小路） **meistbesucht:** もっとも来訪者の多い **das Museum, Museen** [ム**ゼ**ーエン]**:** 博物館 **das Muss:** 義務 **der Liebhaber, – :** 愛好者、ファン

より正確で美しい発音を目指しましょう。【語末の-b,-d,-g】 DL 46

語末/音節末の-b, -d, -g は無声音（[p], [t], [k]）になります。ただし-ig は[iç]、-ngは[ŋ]です。

Also dann am Freitagnachmitta**g**! — Dann am Freitagnachmitta**g**.

Bal**d** kommen die Ferien.

Gut vorbereitet ist hal**b** gewonnen.

Er star**b** im Alter von fünfundsechz**ig** Jahren.

Entschuldigu**ng**, wo bekomme ich eine japanische Zeitu**ng**?

練習 Du siehst so traurig aus. DL 47

Leo trennt den Müll nicht richtig.

早口言葉 Brautkleid bleibt Brautkleid und Blaukraut bleibt Blaukraut. DL 48

基本練習1　「自分自身のために」と言ってみましょう。(ヒント：fürはAkk. [4格]と一緒に)

1) ● Machst du das für ____________ selbst?
   ◆ Ja, das mache ich für ____________ selbst.
2) ● Macht Thomas das für ____________ selbst?
   ◆ Ja, das macht er für ____________ selbst.
3) ● Macht ihr das für ____________ selbst?
   ◆ Ja, das machen wir für ____________ selbst.
4) ● Machen Erika und Thomas das für ____________ selbst?
   ◆ Ja, das machen sie für ____________ selbst.
5) ● Machen Sie das für ____________ selbst?
   ◆ Ja, das mache ich für ____________ selbst.

基本練習2　下線部に適切なDat. [3格]の再帰代名詞を入れて、パートナーと会話しましょう。

1) ● Peter, du musst ____________ das Gesicht waschen.　[das Gesicht, -er: 顔]
   ◆ Ja, ich wasche ____________ das Gesicht.
   [sich[D/3] das Gesicht waschen (自分の) 顔を洗う]
2) ● Thomas muss ____________ die Zähne putzen.　[der Zahn, Zähne: 歯]
   ◆ Er hat ____________ schon die Zähne geputzt.
   [sich[D/3] die Zähne putzen (自分の) 歯を磨く]
3) ● Habt ihr ____________ die Hände gewaschen?　[die Hand, Hände: 手]
   ◆ Ja, wir haben ____________ schon die Hände gewaschen.

基本練習3　下線部に適当な再帰代名詞を入れて、パートナーと会話しましょう。

1) ● Wo treffen wir ____________? — ◆ Treffen wir ____________ am Hachiko, o.k.?
2) ● Kannst du ____________ bitte beeilen? Der Bus kommt!
   ◆ O.k., ich beeile ____________.
3) ● Setzen Sie ____________, bitte! — ◆ Ja, aber wohin soll ich ____________ setzen?
4) ● Habt ihr ____________ gut erholt?
   ◆ Ja, wir haben ____________ sehr gut erholt.
5) ● Erika hat ____________ erkältet.
   ◆ Oh arme Erika! Ich wünsche ihr gute Besserung!

【オーストリアの9州と州都】

Burgenland (Eisenstadt)	Kärnten (Klagenfurt)
Niederösterreich (St. Pölten)	Oberösterreich (Linz)
Salzburg (Salzburg)	Steiermark (Graz)
Tirol (Innsbruck)	Vorarlberg (Bregenz)
Wien (—)	

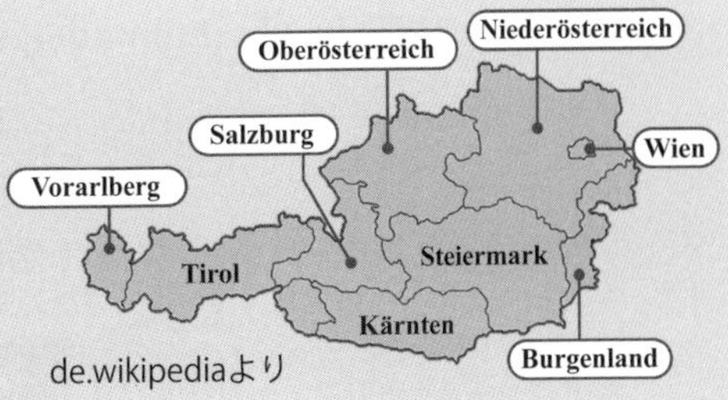

de.wikipediaより

Lektion 7

Wann wird der Viktualienmarkt geöffnet?/ Das Schloss kann nur mit Führung besichtigt werden.

できるようになること　ものや動きを中心に説明する

ドイツ語の仕組み　受動（動作/状態受動）、受動表現、分詞の用法

A. Wann wird der Viktualienmarkt geöffnet?

DL 49

Aika: **Wann wird der Viktualienmarkt geöffnet? Um 9 Uhr?**

Leo: **Nein, er wird um 8 Uhr geöffnet.**

Aika: **Super! Dann kann ich rechtzeitig einkaufen.**

Leo: **Was ist denn los? Bist du Frühaufsteherin geworden?**

Aika: **Nein, aber morgen Mittag wird zusammen mit japanischen Freunden Sushi gemacht. Deswegen hole ich da den Fisch.**

Leo: **Ach, das hört sich gut an!**

パートナーと語句を入れ替えて練習しましょう。

DL 50

- ● **Wann wird der Viktualienmarkt geöffnet?** いつ開く？
- ◆ **Er wird um 8 Uhr geöffnet.** 8時に
- ● **Wann wird der Viktualienmarkt geschlossen?** いつ閉まる？
- ◆ **Er wird um 20 Uhr geschlossen.** 20時に
- ● **Was wird dort verkauft?** 何が売られている？
- ◆ **Alles. Dort wird alles, z.B. Obst, Gemüse, Fleisch, Fisch und vieles mehr verkauft.**
  なんでも。なんでも、例えば果物、野菜、肉、魚、その他にももっと多くのもの。
- ● **Wann wurde der Markt eröffnet?** いつ開設された？
- ◆ **Er wurde 1807 [achtzehnhundertsieben] auf dem jetzigen Platz eröffnet.**
  1807年に今の広場に

※上にならって東京の豊洲市場などの市場について調べ、会話を作りましょう！

課の最後にある基本練習1を解いてみましょう。➡p.47

ドイツ語の仕組み

1. 受動（動作受動）

- 日本語の「〜される」に相当する表現を「受動」と言います。動作の主体（動作主）がだれかを明示するよりも、「何がなされているか」という動作そのものに焦点を当てた表現が受動文です。

  In Japan **wird** Japanisch **gesprochen**.　日本では日本語が話されています。

- ドイツ語の受動態には2種類あります。「〜される」という動作を表す「動作受動」と、「〜されている」という状態を表す「状態受動」です。
- 動作受動「〜される」：**werden ＋ ... ＋ 過去分詞（文末）**で作ります。能動文から（動作）受動文に書き換えるには、次のような手順で行います。

能動文		受動文
1）Akk. [4格]目的語	→	Nom. [1格]主語に
2）Nom. [1格]主語	→	von ＋ Dativ [3格]に（英：*by* ...）*
3）他動詞（Akk. [4格]目的語をとる動詞）	→	werden ＋ ... ＋ 過去分詞（文末）
4）他の文成分	→	そのまま

* 人ではなく手段を表す場合（例「旅行社によって[予約される]」）は、durch + Akk. [4格]を使います（例：durch das Reisebüro [reserviert werden]）。

能動文	Der Lehrer	**lobt**	immer	den Schüler.		先生は、いつもその生徒をほめる。
	2）Nom. [4格]主語	3)		1）Akk. [4格]目的語		
受動文	Der Schüler	**wird**	immer	von dem Lehrer (vom Lehrer)	**gelobt.**	その生徒は、いつも先生にほめられる。
	1）Nom. [1格]主語に	3)		2) von + Dativ [3格]に		

- werdenの人称変化（現在形）：例「私はほめられる」（< loben ほめる）

1人称	ich werde ... gelobt	wir werden ... gelobt
2人称	du **wirst** ... gelobt	ihr werdet ... gelobt
3人称	er **wird** ... gelobt	sie werden ... gelobt

- 受動文の時制

  動作受動の過去形はwerdenを過去形（過去基本形wurde）にすればできます。現在完了は**sein + ... + 過去分詞 + worden** となります。受動の助動詞werdenはworden（ge-が付かない）、完了の助動詞はhabenではなくseinを使うことに注意しましょう。

  Deutsch **wird** als erste Fremdsprache unterrichtet.（現在形）
  ドイツ語は第一外国語として教えられている。

  Diese Schule **wurde** 1883 [achtzehnhundertdreiundachtzig] gegründet.（過去形）
  この学校は1883年に創設された。

  Das Gebäude **ist** vor einem Jahr gebaut **worden**.　その建物は１年前に建てられた。（現在完了形）

- 助動詞と用いるときは、文末に受動の助動詞werdenを置きます。

  Die Bibliothek **kann** von 8 bis 22 Uhr benutzt **werden**.
  図書館は8時から22時まで使うことができる（< 使われうる）。

B. Das Schloss kann nur mit Führung besichtigt werden.

DL 51

Aika: **Am Wochenende besuche ich Schloss Neuschwanstein.**

Leo: **Wusstest du, dass das Schloss relativ neu ist? Es wurde erst vor ca. 150 Jahren gebaut.**
Es ist absoluter Kitsch.
Ich verstehe nicht, warum es so beliebt ist.

Aika: **Aber es ist sehr schön, oder?**
Kannst du bitte nachschauen, wie viel der Eintritt kostet?

Leo: **Mal sehen ... Regulär werden 15 Euro bezahlt.**
Azubis, also Auszubildende, und Studierende zahlen einen ermäßigten Preis von 14 Euro.
Das Schloss kann nur mit Führung besichtigt werden.

Aika: **Das ist aber gar nicht billig. Und kompliziert ...**

パートナーと語句を入れ替えて練習しましょう。

DL 52

● **Wann wurde das Schloss gebaut?** 城はいつ建てられた？

◆ **Es wurde vor ca. 150 Jahren gebaut.** およそ150年前に

● **Wann wurde es öffentlich zugänglich gemacht?** いつ一般公開された？

◆ **Es wurde 1886, gleich nach dem Tod des Königs, zugänglich gemacht.**
1886年、王（ルートヴィヒ2世）の死後すぐに

● **Wird es von vielen Menschen besucht?** たくさんのお客が来る？

◆ **Ja, es wird jährlich von ca. 1,5 [eins Komma fünf] Millionen Besuchern besucht.**
年間おおよそ150万人

● **Wie kann es besichtigt werden?** 見学の方法は？

◆ **Es kann nur mit Führung besichtigt werden.** ガイドツアーのみ

● **Was ist für das Schloss nötig?** 城のために何が必要？

◆ **Das Schloss muss ständig saniert werden, weil es über 150 Jahre alt ist.**
150年以上前の城なので、つねに修復の仕事がなされないといけない

※上の会話や前のページの文などを参考に、近隣の名所や自分の大学についての質問と説明を作ってみよう。

「創立する」gründen — gegründet　　「建てる」bauen — gebaut
「たくさんのお客が来る」viel besucht werden
「ガイドツアーなしに見学できる(されうる)」ohne Führung besichtigt werden

課の最後にある基本練習2を解いてみましょう。➡p.47

ドイツ語の仕組み

2. 状態受動

- 状態受動「～されている」は、**seinと過去分詞（文末）**で作ります。ある動作が完了して、その状態が続いていることを表します。

  Das Geschäft wurde gestern um 20 Uhr geschlossen. Seitdem **ist** es **geschlossen**.
  その店はきのう20時に閉められた。[動作受動]　　それ以来、店は閉まっている。[状態受動]

- 状態受動の過去形はseinを過去形（過去基本形war）にすればできます。

  Dieses Geschäft **war** gestern **geschlossen**. この店は昨日閉められて(閉まって)いた。

3. 自動詞の受動

- 受動文の主語になれるのは、一般的には能動文のAkk. [4格]目的語です。

  Mein Vater schenkt mir ein Buch.　父が私に本をくれる。

  → ○ Ein Buch **wird** mir von meinem Vater **geschenkt**.
  ＊ 能動文のDat. [3格]目的語（ここではmir）は受動文の主語にはなれません。

- 自動詞(Akk. [4格]目的語なし)を受動にする場合、esを形式上の主語とするか主語のない文となります。

  能動文： Sonntags arbeitet man＊ nicht.　日曜日には仕事をしない。　(＊受動文でmanは消えます)

  受動文： Es **wird** sonntags nicht **gearbeitet**. / Sonntags **wird** nicht **gearbeitet**.

- 文頭に置くべき文成分がない場合、形式上の主語としてesを文頭に置きます。

  Man lachte und tanzte. → Es **wurde gelacht** und **getanzt**.　笑ったり踊ったりした。

4. 受動表現

- sein＋zu 不定詞「～されることができる」(受動の可能)、「されねばならない」(受動の義務)

  Diese Aufgabe **ist** leicht **zu** lösen.　この課題は容易に解ける。

  Diese Fragen **sind** noch **zu** diskutieren.　これらの問題はまだ議論すべきだ。

5. 分詞の用法

- 分詞には(1)現在分詞と(2)過去分詞、(3)未来分詞があります。

  形容詞と同じように、**a.**(名詞を修飾する)付加語的用法、**b.**名詞化、**c.**副詞的用法があります。

(1)現在分詞［不定詞＋d］：現在分詞は、不定詞に-dを付けて作られ、継続的な意味を持ちます。

  das **kochende** Wasser 煮立っているお湯（kochen: 沸騰する、沸く → kochend）

(2)過去分詞：自動詞の過去分詞は「～した、～してしまった」という完了の意味、他動詞の過去分詞は「～される、された」という受動の意味を表します。

  自動詞：das **vergangene** Jahr 去年（vergehen: 過ぎ去る → vergangen）

  他動詞：die **eingeladenen** Gäste 招待された客たち（einladen: 招待する → eingeladen）

(3)未来分詞［zu 不定詞＋d］：「～されるべき、～されうる」の意味で、名詞を修飾して用います。

  Das ist die dringend **zu lösende** Aufgabe. それは緊急に解決されるべき課題だ。

  Hier arbeiten zehn **Auszubildende**. ここでは10名の実習生(訓練されるべき人たち)が働いている。

a. 付加語的用法：形容詞の格変化語尾が付きます。das **lächelnde** Mädchen 微笑んでいる少女

b. 分詞の名詞化： ein **Reisender** ある(男性の)旅行者　eine **Verletzte** ある(女性の)負傷者

c. 副詞的用法：Er kam **lächelnd/aufgeregt** zu mir. 彼は微笑みながら/興奮して私のところへやって来た。

ドイツ語の文章を読んでみましょう。 DL 53

Nationalheld der Schweiz

Kennen Sie das Drama *Wilhelm Tell* (1804) von Friedrich Schiller? Wilhelm Tell ist der Nationalheld der Schweiz. Laut Legende wurde er im 14. [vierzehnten] Jahrhundert verhaftet, weil er sich weigerte, ein Gesetz des habsburgischen Herrschers zu befolgen. Später kommt er jedoch wieder frei, als es ihm gelingt, mit seiner Armbrust einen Apfel vom Kopf seines Sohnes zu schießen. Diese Legende kennt in der Schweiz jedes Kind aus dem Schulunterricht. *Wilhelm Tell* ist übrigens auch das erste Werk der deutschen Literatur, das ins Japanische übertragen wurde. In der ersten kompletten Übersetzung (1905) wurde der Inhalt der Legende jedoch vollständig „japanisiert". Hier wird der Held nicht Wilhelm genannt, sondern Teizō und er schießt seinem Sohn＊ keinen Apfel, sondern eine Kaki-Frucht vom Kopf.

語句 **das Drama:** 劇 **der Nationalheld:** 国民の英雄 **die Schweiz:** スイス **laut ...**[G/2]もしくは[D/3]**:** …によれば **die Legende:** 伝説 **verhaften:** 逮捕する **sich weigern:** 拒絶する **das Gesetz:** 法 **habsburgisch:** ハプスブルクの **der Herrscher:** 支配者 **befolgen:** 従う **später:** 後に **frei|kommen:** 釈放される **jedoch:** しかしながら **j**[D/3] **gelingen:** 人にとって成功する〔Nom. [1格]で成功の内容を言う〕 **die Armbrust:** 石弓 **der Kopf:** 頭 **schießen:** 撃つ **der Schulunterricht:** 学校の授業 **übrigens:** ところで **erst:** 最初の **das Werk:** 作品 **die Literatur:** 文学 **übertragen:** 翻案する **komplett:** 完全な **die Übersetzung:** 翻訳 **der Inhalt:** 内容 **vollständig:** 完全に **japanisieren:** 日本化する **der Held:** 主人公 **die Kaki:** 柿 **die Frucht:** 果物
＊**er schießt seinem Sohn eine Kaki-Frucht vom Kopf:** 体の部分を表すDat. [3格]の用法で、「息子の頭から柿を撃ち落とす」の意。

より正確で美しい発音を目指しましょう。【子音の発音】 DL 54

・ドイツ語は子音の多い言語です。子音が多く使われる語は、母音の多い日本語と比べて発音が難しいことがあります。ここではそのような語を発音してみましょう。

Ich habe mit Leo gestritten.
Ich möchte Buntstifte.
Was für ein Instrument spielen Sie?
Ein Gesetz des habsburgischen Herrschers
Ich möchte einen silbernen Stift.
Eine Eintrittskarte für Erwachsene.
Heute ist es stürmisch.

早口言葉 Weiße Borsten bürsten besser als schwarze Borsten bürsten. DL 55
Bürsten mit harten Borsten bürsten besonders sauber.

基本練習1　かっこ内の動詞を適切な形にして受動文を作り、パートナーと会話しましょう。 DL 70

1) ● **Spricht man in Österreich Deutsch?**

◆ **Ja, in Österreich _____________ Deutsch _____________ (sprechen – gesprochen).**

2) ● **Welche Sprachen spricht man in der Schweiz?**

◆ **In der Schweiz _____________ Deutsch, Französisch, Italienisch und Rätoromanisch _____________.**

3) ● **Wann wird die Bibliothek geöffnet?**

◆ **Die Bibliothek _____________ um 8.30 Uhr _____________ (öffnen – geöffnet).**

4) ● **Wann wird die Bibliothek geschlossen?**

◆ **Die Bibliothek _____________ um 22 Uhr _____________ (schließen – geschlossen).**

基本練習2　下線部に動詞を適切な形にして受動文を作り、パートナーと会話しましょう。 DL 71

1) ● **Hast du schon die Tür repariert?**

◆ **Ja, die Tür _____________ gestern _____________ .** [過去形で]

2) ● **Hat Leo sein Zimmer sauber gemacht?**

◆ **Ja, sein Zimmer _____________ endlich sauber _____________ _____________ .**
[現在完了形で]

3) ● **Was muss noch für die Party gemacht werden?**

◆ **Für die Party _____________ noch _____________ _____________ . (einkaufen)**
[müssenと]

4) ● **Was muss noch gemacht werden?**

◆ **Das Wohnzimmer _____________ noch sauber _____________ _____________ .**
(machen)　[müssenと]

【スイス(die Schweiz; die Schweizerische Eidgenossenschaft) の主なカントン (Kanton)】

スイスには現在26のカントン(Kantone)があります。この中で1291年の「永久盟約」が結ばれた時からのカントンと州都だけ紹介します。なお，*印をつけた２カントンは盟約を結んだ時点ではUnterwaldenでした。

Uri (Altdorf)
Schwyz (Schwyz)
Obwalden* (Samen)
Nidwalden* (Glarus)

Schwyzが今のdie Schweizの名のもとになりました。この４カントンは、今のスイスのほぼ中央に位置しています。

de.wikipediaより

Lektion 8

Japan ist größer als Deutschland./ Je intensiver du übst, um so besser wird deine Leistung!

できるようになること　事物を比べる

ドイツ語の仕組み　形容詞・副詞の比較表現

DL 56

A. Japan ist größer als Deutschland.

Deutschland 357 600 km²
JAPAN 378 000 km²
Nauru 21 km²

Leo: Japan ist kleiner als Deutschland, oder?

Aika: Nein, Japan ist größer als Deutschland.
Aber eigentlich ist Deutschland fast so groß wie Japan.

Leo: Interessant! Und das größte Land ist vermutlich Russland.
Aber welcher Staat ist am kleinsten? Etwa der Vatikan?

Aika: Moment, ich googele mal ...
Aha, Nauru ist mit ca. 21 Quadratkilometern der kleinste Staat der Welt.

Leo: Nanu, Nauru? Wo ist das denn? ...

パートナーと語句を入れ替えて練習しましょう。（下線部の答えは自分たちで調べてみよう！）　DL 57

● **Japan ist größer als die Schweiz, oder?** 日本はスイスより大きい？

◆ **Ja, die Schweiz ist so groß wie ________ .** [日本のある島]

● **Österreich ist kleiner als Japan?** オーストリアは日本より小さい？

◆ **Ja, Österreich ist so groß wie ________ .** [日本のある島]

der Großglockner

● **Welcher ist der höchste Berg in Österreich?** オーストリアで最も高い山は？

◆ **Der ________ ist der höchste Berg.**

● **Welche ist die größte Stadt Deutschlands?** ドイツで最も大きい都市は？

◆ **________ mit ca. 3,7 Millionen Einwohnern ist die größte Stadt.**

● **Welches ist von den deutschsprachigen Ländern am kleinsten?** ドイツ語圏の国々で一番小さい国は？

◆ **________ ist am kleinsten.** [スイスとオーストリアの間にある…]

課の最後にある基本練習1と2を解いてみましょう。➡p.53

ドイツ語の仕組み

1. 形容詞の比較表現、比較級・最上級の形式

- あるものと比較して「より〜である」とか、「もっとも〜である」という表現に用いられるのが形容詞の比較級、最上級です。比較級は原級（もとの形）に **-er**、最上級は **-st** を付けます。

原　級	比較級	最上級	原　級	比較級	最上級
klein 小さい	klein**er**	klein**st-**	schön 美しい	schön**er**	schön**st-**

- 原級が一音節（母音が一つしかない語）の場合、比較級と最上級で変音するものがあります。

原　級	比較級	最上級	原　級	比較級	最上級
jung 若い	jüng**er**	jüng**st-**	lang 長い	läng**er**	läng**st-**

- 原級が-t, -d, -s, -ß, -z などで終わる語の場合、最上級に口調上の-eを入れます。

原　級	比較級	最上級	原　級	比較級	最上級
alt 古い	ält**er**	ält**est-**	kurz 短い	kürz**er**	kürz**est-**

- 英語のgood-better-best のように、不規則な変化をするものがあります。

原　級	比較級	最上級	原　級	比較級	最上級
gut よい	**besser**	**best-**	viel 多い	**mehr**	**meist-**
hoch 高い	**höher**	**höchst-**	groß 大きい	**größer**	**größt-**

2.　比較表現の用法（1）

- **同等比較： so＋原級＋wie ...**（英：*as＋原級＋as 構文*）「...と同じぐらい〜だ」

Hokkaido ist fast **so groß wie** Österreich.
北海道（83870km²）はオーストリア（83450km²）とほぼ同じ大きさだ。

Die Zugspitze ist nicht **so hoch wie** der Fuji.
ツークシュピッツェ山（ドイツ最高峰2962m）は富士山（3776m）ほど高くない。

- **比較級＋als ...**（英：*比較級＋than...*）「...よりも〜だ」

Österreich ist **größer als** die Schweiz, aber **kleiner als** Deutschland.
オーストリアはスイス（=ほぼ九州の大きさ）より大きいが、ドイツ（=ほぼ日本の大きさ）よりは小さい。

Der Rhein ist **länger als** die Elbe, aber viel* **kürzer als** die Donau.
ライン川（1233km）はエルベ川（1091km）より長いが、ドナウ川（2860km）よりずっと短い。

* 比較級を強調して「はるかに〜」というときはsehrではなく、vielやweitを使います。

- 形容詞の最上級には、定冠詞 ＋ ...ste(n) とam ...sten という2通りの語形があります。

a. 定冠詞 der/das/die ＋ ...ste(n)：主語の性・数によって、定冠詞と形容詞の語尾が変わります。

Er ist **der fleißigste** in der Klasse.　彼はクラスでいちばん勤勉だ。［男性Nom.［1格］］

Sie ist **die fleißigste** in der Klasse.　彼女はクラスでいちばん勤勉だ。［女性Nom.［1格］］

b. am ...sten：主語が何であっても同じ形です。

Er/Sie ist **am fleißigsten** in der Klasse.　彼/彼女はクラスでいちばん勤勉だ。

B. Je intensiver du übst, um so besser wird deine Leistung!

DL 58

Anna: Aika, du machst doch Yoga. Ich habe mal eine Frage: Wie kann man am effektivsten trainieren? Soll man möglichst lange am Stück üben?

Aika: Nein, es kommt nicht auf die Länge an. Wichtig ist: Je intensiver du übst, um so besser wird deine Leistung!

Anna: 10 oder 15 Minuten, reicht das?

Aika: Ja, wenn du jeden Tag Yoga machst. Dann fühlst du dich immer wohler.

Anna: Dann probiere ich es mal. Kannst du mir dabei helfen?

Aika: Aber gerne!

パートナーと語句を入れ替えて練習しましょう。

DL 59

● **Wie kann man am effektivsten trainieren?**　いちばん効果的なトレーニング法は？

◆ **Wichtig ist: Je intensiver du übst, um so besser wird deine Leistung.**

● **Wie kann man am schnellsten abnehmen?**　いちばんはやく痩せるには？

◆ **Je weniger Zucker du isst, desto schneller nimmst du ab.**
糖分を食べるのを減らせば減らすほど、より早く痩せる。

● **Wie kann man am besten Deutsch lernen?** ドイツ語をもっとも上手に学ぶには？

◆ **Je mehr Deutsch du liest, hörst, sprichst oder schreibst, desto besser kannst du Deutsch. Aber, Rom wurde auch nicht an einem Tag erbaut.**
ドイツ語をどんどん読んで聞いて話して書くほど、ドイツ語が上手になる。
だけど…（何という格言？）

課の最後にある基本練習3を解いてみましょう。➡p.53

3. 副詞の比較表現

- 形容詞と同じく、副詞の場合も比較級は原級（もとの形）に **-er**、最上級は **-st** を付けます。ただし、不規則な変化をするものがあるので、注意しましょう。

原　級	比較級	最上級	原　級	比較級	最上級
gern 好んで	**lieber**	**am liebsten**	viel 多く	**mehr**	**am meisten**

Ich trinke **lieber** Tee **als** Kaffee.　私はコーヒーより紅茶の方が好きだ。（紅茶をより好んで飲む）

Er raucht **mehr als** ich.　彼は私よりたくさんたばこを吸う。

Peter läuft **schneller als** Thomas.　ペーターはトーマスより速く走る。

＊ schnellは形容詞ですが、副詞として使われています（形容詞の副詞的用法）。

- 副詞の最上級は、いつでも **am ...sten** を用います。

Ich höre **am liebsten** Mozart.　私はモーツァルトの曲を聴くのがいちばん好きだ。

Wer trinkt **am meisten** von euch?　君たちのなかでいちばんたくさん飲むのは誰？

Peter läuft **am schnellsten**.　ペーターは最も足が速い。（最も速く走る）

4.　比較表現の用法（2）

- halb / doppelt / dreimal so＋原級＋wie ...「...の半分、2倍、3倍〜だ」

Der Turm ist **dreimal so hoch wie** mein Haus.　その塔は私の家の3倍の高さだ。

- Je＋比較級＋S ... V, desto (um so)＋比較級＋V＋S ...（英：*The＋比較級, the＋比較級*）
「〜すればするほど、それだけいっそう...」［前半が副文、後半が主文］

Je mehr er trank, **um so lustiger** wurde er.　彼は飲めば飲むほど、愉快になった。

Je älter er wird, **desto vorsichtiger** wird er.　彼は年をとるにつれて、ますます注意深くなる。

＊ jeはここでは従属接続詞なので、定動詞後置（動詞は文末）となります。

- immer＋比較級、比較級＋und＋比較級「しだいに、ますます〜」

Es wird **immer kälter**.　ますます寒くなる。

Er fuhr **schneller und schneller**.　彼はますますスピードをあげた。

- 比較級の絶対的用法：比較する対象がないのに、比較級が使われることがあります。「比較的〜」、「わりと〜」のように、原級よりも意味が弱められます。

ein **älterer** Mann 年配の男性（ein alter Mann 老人）

eine **höhere** Schule 高等学校（eine Hochschule 大学）

- 最上級の絶対的用法：比較級の絶対的用法と同じく比較する対象を持たず、「きわめて〜」「非常に〜」という意味で使われる最上級があります。

Liebster Sohn!　愛する息子よ！　　**Besten** Dank!　どうもありがとう！

ドイツ語の文章を読んでみましょう。 DL 60

Cranger Kirmes

Die Cranger Kirmes ist das größte Volksfest in Nordrhein-Westfalen und hat eine lange Tradition. Ihre Wurzeln reichen bis in das 15. [fünfzehnte] Jahrhundert zurück. Begonnen hat alles mit einem Pferdemarkt, doch diesen gibt es schon seit gut 150 [hundertfünfzig] Jahren nicht mehr. Geblieben ist aber das Volksfest mit seinen zahlreichen Biergärten, Karussells, Geisterbahnen und anderen Attraktionen, die jedes Jahr rund vier Millionen Besucher anziehen. Andere berühmte Volksfeste in Deutschland sind z.B. der Cannstatter Wasen im Stuttgarter Stadtbezirk Bad Cannstatt und natürlich das weltbekannte Münchner Oktoberfest.

語句 **Cranger:** クランゲ(**Crange**)の **die Kirmes:** 移動遊園地 **größt-** < **groß**「大きい」の最上級 **das Volksfest:** 民間の祭り **Nordrhein-Westfalen:** ノルトライン・ヴェストファーレン州（州都はデュッセルドルフ） **die Wurzel, -n:** 根、起源 **zurück|reichen:** 遡る **das Jahrhundert:** 世紀 **begonnen** < **beginnen:** 始まる **der Pferdemarkt:** 馬の市 **gut:** たっぷり、優に **geblieben** < **bleiben:** とどまる **der Biergarten, ...gärten:** ビアガーデン **das Karussell, -s:** メリーゴーラウンド **die Geisterbahn, -en:** 化け物めぐりコースター **die Attraktion, -en:** アトラクション **rund:** およそ **an|ziehen:** 引きつける **der Cannstatter Wasen:** カンシュタタットの緑地（春に**Stuttgarter Frühlingsfest**、秋に**Cannstatter Volksfest**が開かれる） **der Stadtbezirk:** 市の地区 **Bad Cannstatt:** バート・カンシュタタット（**Stuttgart**北東部、ネッカー河畔にある地区） **weltbekannt:** 世界的に知られる **Münchner:** ミュンヘンの **das Oktoberfest:** 十月祭（9月15日以降最初の土曜日から10月最初の日曜日［もしくは10月3日統一の日］を最終日に約2週間開催される世界最大のビール祭。コロナ以前の2019年の訪問客数は630万人、2023年は720万人）

より正確で美しい発音を目指しましょう。【文中の休止 (Pause)】 DL 61

・会話文ではPause「休止」は[,]で表されますが、話し言葉では音を中断することによって実現されます。次の語の並びは、休止をどこに置くかによって、いくつかの異なった意味を表します。

Klaus will Anna nicht

1) Klaus will Anna nicht.
2) Klaus will, Anna nicht.
3) Klaus will Anna, nicht?
4) Klaus, will Anna nicht?

練習 次の言葉のPauseを考えてみましょう。どこに[,]が入りますか。そして意味は？ DL 62

Renate will Leo nicht

Ich nicht Sie

基本練習1　比較級を使って、「でも私の～の方がもっと...」と言ってみましょう。

● Seine Uhr ist sehr schön. — ◆ Aber meine Uhr ist doch schöner!

1) ● Sein Wörterbuch ist sehr praktisch. — ◆ ______________________________!

2) ● Seine Wohnung ist sehr groß. — ◆ ______________________________!

3) ● Sein Auto ist teuer*. — ◆ ______________________________!

* 語尾がつくとteur-

4) ● Seine Fahrräder sind gut. — ◆ ______________________________!

基本練習2　最上級を使って、「でも私の～がいちばん...！」と言ってみましょう。

例: ● Seine Mutter spielt Golf sehr gut. — ◆ Aber meine Mutter spielt Golf am besten!

1) ● Sein Vater spielt Tennis sehr gut.

◆ ______________________________.

2) ● Seine Tochter lernt sehr fleißig.

◆ ______________________________.

3) ● Sein Kind isst sehr viel.

◆ ______________________________.

4) ● Seine Kinder schwimmen sehr schnell.

◆ ______________________________.

基本練習3　下線部に最上級を入れましょう。ヒントは形容詞の語尾です。

1) ● Welches Auto fährt hier am ____________[-en]? (schnell)

◆ Das hier ist das ____________[-e] Auto.

2) ● Wer spielt hier am ____________[-en] Tischtennis? (gut)

◆ Aika ist hier die ____________[-e] Spielerin.

3) ● Welche Speise isst du am ____________[-en] ?(gern)

◆ _ _ _ _ _ _ ist für mich die ____________[-e] Speise. (lieb)

（↑ここには自分の一番好きな食べものを入れましょう）

【ドイツ語圏3国の首都・人口・外国籍の割合の比較】

Land	Deutschland	Österreich	die Schweiz
Hauptstadt	Berlin	Wien	Bern
Einwohnerzahl	ca. 3,7 Millionen	ca. 2 Millionen	ca. 134,000
Ausländeranteil	ca. 21%	ca. 34%	ca. 24%

Lektion 9

Man nehme dreimal täglich nach dem Essen zwei Tabletten./ Leo sagt, er habe viel zu tun und sei müde.

できるようになること 第三者の意見を伝える

ドイツ語の仕組み 接続法第1式とその用法（間接話法、要求話法）

A. Man nehme dreimal täglich nach dem Essen zwei Tabletten. DL 63

Aika: Anna, hier auf dem Etikett des Medikaments steht: „Man nehme dreimal täglich nach dem Essen zwei Tabletten.“ Warum „nehme“ und nicht „nimmt“?

Anna: Ach, das ist Konjunktiv I und bedeutet eine Aufforderung. Du kennst den englischen Ausdruck: „God save the queen.“ Dieses „save“ – nicht „saves“ – ist ebenso eine Art Konjunktiv I und heißt auf Deutsch: „Gott schütze die Königin.“

Aika: Ach, Grammatik! Deutsch sei bitte viel einfacher!!

パートナーと語句を入れ替えて練習しましょう。 DL 64

● **Wie sagt man, wenn man wünscht,** *dass nichts Böses passiert* **?**
何も悪いことが起きないことを願うときにはなんて言う？

◆ **Ganz einfach! „** *Es passiere nichts Böses* **!“** ***(Es möge nichts Böses passieren!)***

dass die Pandemie möglichst bald zu Ende geht / 感染症流行が早く終息すること	**Die Pandemie gehe möglichst bald zu Ende! (Möge die Pandemie möglichst bald zu Ende gehen!)**
dass es keinen Atomkrieg gibt / 核戦争がないこと	**Es gebe keinen Atomkrieg! (Möge es keinen Atomkrieg geben!)**
dass Gott uns beschützt / 神がわれらをまもること	**Gott beschütze uns! (Möge Gott uns beschützen!)**
dass jedes Kind immer gesund bleibt / どの子もいつも健康でいること	**Jedes Kind bleibe immer gesund! (Möge jedes Kind immer gesund bleiben!)**

課の最後にある基本練習1を解いてみましょう。➡p.59

ドイツ語の仕組み

1. 接続法

- ドイツ語には「直説法」（例：Er kommt.）、「命令法」（例：Komm!）、「接続法」という3つの「法」（語り口）があります。「接続法」は、「〜と言っている」（接続法第1式：間接話法）、「〜と願う」（接続法第2式：非現実話法）のように、「〜と」ということばが最初から組み込まれています。「直説法」は「〜と」が組み込まれていない、ふつうの動詞の形（今まで習ってきた形）です。
- 直説法は事柄を客観的に述べるのに対して、接続法第1式は文の内容が事実であるかどうかに関して関知しない、接続法第2式は事実ではないと見ている、という話者の態度を表します。

直説法： Er hat viel Geld. （事実なのだが）彼はお金をたくさん持っている。
接続法第１式： Er **habe** viel Geld. （事実かは知らないが）彼はたくさんお金を持っていると…
接続法第２式： Er **hätte** viel Geld. （事実ではないが）彼はたくさんお金を持っていると…

2. 接続法第1式の形式

- 接続法第1式の語形：第1式は不定詞の語幹をもとにして作られます。語尾には必ずeが入ります（seinのみ例外）。

不定詞		kommen	lernen	haben	werden	sein
もとにする形		komm	lern	hab	werd	sei
ich	-e	**komme**	**lerne**	**habe**	**werde**	**sei**
du	-est	**kommest**	**lernest**	**habest**	**werdest**	**sei(e)st**
er/es/sie	-e	**komme**	**lerne**	**habe**	**werde**	**sei**
wir	-en	**kommen**	**lernen**	**haben**	**werden**	**seien**
ihr	-et	**kommet**	**lernet**	**habet**	**werdet**	**seiet**
sie / Sie	-en	**kommen**	**lernen**	**haben**	**werden**	**seien**

3. 接続法第1式の用法（要求話法）

- 接続法第1式：要求話法

接続法第1式には、要求や祈願（「〜でありますように（と私は願う）」）を表す用法があります。

a. 要求・命令

Man **nehme** täglich eine Tablette.　一日一錠服用のこと。（薬の注意書きで）

Man **beachte** den Hinweis auf der Rückseite.　裏面にある指示に注意すること。

b. 願望・祈願

Gott **beschütze** dich.

Gott **möge** dich beschützen.

Möge Gott dich beschützen. （英：*May God protect you.*）神が君を守ってくれますように。

＊ 助動詞mögen（英：***may***）の接続法第1式は願望を表すのによく使われます。mögenを文頭に置くこともできます。

c. 熟語的表現

Gott **sei** Dank!　ああ、よかった（＜神に感謝あれ）

B. Leo sagt, er habe viel zu tun und sei müde.

DL 65

Aika: Konjunktiv I wird auch bei der indirekten Rede benutzt, oder?

Anna: Ja, stimmt. Du lernst aber brav! Im Alltag benutzt man eher die direkte Rede. Zum Beispiel: Leo sagt: „Ich habe viel zu tun und bin müde."

Aika: Und in formeller Sprache?

Anna: Da heißt es insbesondere in der Zeitung oder in den Fernsehnachrichten: Leo sagt, er habe viel zu tun und sei müde.

Aika: Ach, wie kompliziert! Wozu braucht man denn diese indirekte Rede?

Anna: Dabei wird die Aussage ohne ein Werturteil des Sprechers wiedergegeben. Der Sprecher will sich nicht dazu äußern, ob die Aussage wahr oder falsch ist.

パートナーと語句を入れ替えて練習しましょう。

DL 66

●がどこかの国の大統領、◆がアナウンサーです。

● **„Ich habe einen Plan für die Zukunft."** 未来のためのプランがある。

◆ **Der Präsident hat gesagt, er ____________ einen Plan für die Zukunft.**

〔直 er hat ⇒ 接 I er habe〕

● **„Unser Land ist gerade auf dem Weg in eine bessere Zukunft."**

我が国はよりよい未来の途上にある。

Er hat gesagt, unser Land ____________________________.

〔直 es ist ⇒ 接 I es sei〕

● **„Man muss sich für die Umsetzung Mühe geben."** 実現のために努力しないといけない。

◆ **Er hat gesagt, ____.**

〔直 man muss ⇒ 接 I man müsse〕

課の最後にある基本練習2を解いてみましょう。➡p.59

4. 接続法第1式の用法（間接話法）

- 人のことばを引用・紹介するには、引用符を付けてそのまま引用する「直接話法」と、接続法第1式を用いて間接的に引用する「間接話法」があります。間接話法には、「文の内容が事実であるかどうか関知しない」という発言者の態度を表す接続法第1式が使われます

Peter sagt, er **habe** viel Geld. (直接話法：Peter sagt**:** „Ich habe viel Geld.“)
（事実かどうかは知らないが）ペーターは、自分はたくさんお金を持っていると言っている。
Peter sagt, er **sei** der reichste Mann.（直接話法：Peter sagt**:** „Ich bin der reichste Mann.“)
（事実かどうかは知らないが）ペーターは、自分がいちばんの金持ちだと言っている。

- 直接話法と間接話法

直接話法	間接話法
Er sagt**:** „Ich lerne Deutsch.“（現在）	Er sagt, er **lerne** Deutsch. 彼は「私はドイツ語を習っている」と言っている。
Er sagt**:** „Ich lernte Deutsch.“（過去）	Er sagt, er **habe** Deutsch **gelernt**. 彼は「私はドイツ語を習った」と言っている。
Er sagt**:** „Ich habe Deutsch gelernt.“（現在完了）	

- 接続法を使うときは、発言内容が①主文の動詞と時制が同じ（同時）か、②主文の動詞より前（以前）かということを意識してください。主文の動詞（発言している時点）よりも過去のことを発言している場合は、接続法の完了形が使われます。

①主文の動詞と発言内容の時制が同じ場合

直接話法**:** Peter sagt: „Ich habe viel Geld.“ → 間接話法**:** Peter sagt, er **habe** viel Geld.

直接話法**:** Peter sagte: „Ich habe viel Geld.“ → 間接話法**:** Peter sagte, er **habe** viel Geld.

ペーターは、自分はたくさんお金を持っていると言っている（言った）。

＊ 主文の動詞が現在形（sagt）でも過去形（sagte）でも、発言内容の時制と同じ（同時）であれば、いずれの場合もer habeという形になります。英語のような時制の一致はありません。

②主文の動詞より発言内容の時制が前（以前）の場合 → 完了形をもとにした過去を表すかたちで

直接話法: Peter sagt**:** „Ich hatte viel Geld.“ → 間接話法**:** Peter sagt, er **habe** viel Geld **gehabt**.

直接話法: Peter sagte**:** „Ich hatte viel Geld.“ → 間接話法**:** Peter sagte, er **habe** viel Geld **gehabt**.

ペーターは、自分はたくさんお金を持っていたと言っている（言った）。

直接話法: Peter sagt**:** „Ich war reich.“ → 間接話法**:** Peter sagt, er **sei** reich **gewesen**.

直接話法: Peter sagte**:** „Ich war reich.“ → 間接話法**:** Peter sagte, er **sei** reich **gewesen**.

ペーターは、自分は金持ちだったと言っている（言った）。

- 接続法第1式が直説法と同じ形になってしまう場合は、接続法第2式〔→ 第10課〕を使います。

Der Lehrer sagt**:** „Morgen habt ihr einen Test.“ → Er sagt, morgen **hätten** wir einen Test.
先生は「明日君たちにはテストを受けてもらう」と言っている。　＊ 接続法第1式（haben）は直説法と同形
Hans und Eri sagen**:** „Wir kommen zur Party.“ → Hans und Eri sagen, sie **kämen** zur Party.
ハンスとエリは「私たちはパーティーに行く」と言っている。　＊ 接続法第1式（kommen）は直説法と同形

ドイツ語の文章を読んでみましょう。 DL 67

Japan am Rhein

In Düsseldorf, der Landeshauptstadt Nordrhein-Westfalens, leben mehr als 8.000 [achttausend] Japanerinnen und Japaner. Damit ist die Stadt am Rhein die größte japanische Community Deutschlands. Im japanischen Viertel gibt es zahlreiche japanische Restaurants, Kneipen, Supermärkte und Buchhandlungen. Auch bei jungen Manga-Fans ist dieses Stadtviertel mit seiner besonderen Atmosphäre sehr beliebt. Aber nicht nur japanische Küche und Pop-Kultur, sondern auch der Buddhismus hat Einzug in die Rhein-Metropole gefunden. 1993 wurde das Ekō-Haus, ein japanisches Kulturzentrum, eröffnet. Zu diesem Kulturzentrum gehören ein buddhistischer Tempel, japanische Gärten, eine Bibliothek und vieles mehr. An diesem Ort können Japanerinnen und Japaner die eigene Kultur pflegen. Außerdem können die deutschen Besucherinnen und Besucher vieles über Japan und die japanische Kultur erfahren.

語句　**am Rhein:** ライン河畔の（**der Rhein:** ライン川）　**die Landeshauptstadt:** 州都　**mehr als ... :** …を超えて　**damit:** これにより　**größt- < groß**の最上級　**die Community:** コミュニティ　**das Viertel:** 地区　**die Kneipe, -n:** 居酒屋　**der Supermarkt, ...märkte:** スーパーマーケット　**die Buchhandlung, -en:** 書店　**die Atmosphäre:** 雰囲気　**beliebt:** 好まれる　**nicht nur A, sondern auch B:** AだけでなくBも　**die Küche:** 料理　**die Kultur:** 文化　**der Buddhismus:** 仏教　**Einzug finden:** 見られる　**das Ekō-Haus:**惠光日本文化センター　**das Kulturzentrum:** 文化センター　**eröffnen:** 開く〔**öffnen** は日常的な開け閉めの「開く」で、**eröffnen** は施設や店などを立ち上げて「開く」〕　**zu ...**[D/3] **gehören:** …に属する　**buddhistisch:** 仏教の　**der Tempel:** 寺院　**der Garten, Gärten:** 庭園　**die Bibliothek:** 図書館　**und vieles mehr:** さらにもっと多くのもの　**der Ort:** 場所　**außerdem:** その他に　**vieles:** 多くのことを〔形容詞の名詞化だが、慣習的に小文字書きする〕　**erfahren:** 経験する

より正確で美しい発音を目指しましょう。【同化 (Assimilation)】 DL 68

- Assimilation（同化）について*Duden Universalwörterbuch*では以下のように説明しています。
  „Angleichung eines Konsonanten an einen anderen"　ある子音を別の子音に一致させること
- 例えば、英語でI miss you.を早めに発音してみると、[ái miʃjú]となります。
- こうした同化についてはドイツ語では英語の例のように音が大きく変わるものはあまりありませんが、フランス語のリエゾンのように前の語の末尾の音を次の音につなげることがあります。
- Guten Abend! と発音してみてください。[gu:tən a:bənt] ですね。少し早めに発音すると[gu:tn a:bənt]のようにe が脱落するのが普通です。またGuten Tag! Guten Morgen!も同じように、eが脱落します。
- ただし、主に形容詞の語尾で見られる現象で、名詞のAbendやMorgenのアクセントのないeの音を脱落させることはありません。

基本練習1 レシピを見ながら料理をしています。かっこ内の動詞を接続法第1式の形にして要求話法にしてみましょう。

1) ● Hier steht: „Man __________ (nehmen) 200g Mehl, 3 Eier und Milch."

◆ Dann werde ich Mehl, Eier und Milch holen.

2) ● Hier steht: „Man __________ (schälen) die Äpfel
und __________ (schneiden) sie in Scheiben"

◆ Dann werde ich die Äpfel schälen und schneiden.

3) ● Hier steht: „Man __________ (waschen) die Kartoffeln
und __________ (geben) sie in kaltes Wasser."

◆ Dann werde ich die Kartoffeln waschen und sie in kaltes Wasser geben.

基本練習2 例にならって、間接話法を使ってパートナーの質問を繰り返してみましょう。

● Anna hat gesagt: „Ich habe Fieber."

◆ Wirklich? Hat sie gesagt, sie habe Fieber?

1) ● Leo hat gesagt: „Ich habe kein Fieber mehr."

◆ Wirklich? Hat er gesagt, er __________ kein Fieber mehr?

2) ● Leo hat gesagt: „Ich bin stark erkältet."

◆ Wirklich? Hat er gesagt, er __________ stark erkältet?

3) ● Aika hat erzählt: „Der Hausarzt kommt nicht."

◆ Wirklich? Hat sie erzählt, der Hausarzt __________ nicht?

4) ● Leo hat gesagt: „Ich fahre selbst zum Arzt."

◆ Wirklich? Hat er gesagt, er __________ selbst zum Arzt?

【ドイツ語になった日本語の説明（Dudenより）と訳例(1)】

das/der Manga, -[s]: マンガ

aus Japan stammender handlungsreicher Comic, der durch besondere grafische Effekte gekennzeichnet ist.

日本生まれの話の展開に富んだコミックであり、特殊なグラフィック効果が特徴的である。

das Surimi, -s: カニカマ

aus minderwertigem Fisch o. Ä. [= oder Ähnlichem] hergestelltes Krebsfleischimitat.

価値の低い魚や同様のものから製造されたカニ肉の模造品。

der Shiitake, -s: 椎茸

(in Japan und China an Stämmen von Bambus und Eichen kultivierter und Speisepilz beliebter) Speisepilz mit rötlich braunem Hut und festem weißlichem Fleisch.

（日本と中国で竹(！)やオークの木で栽培され、食用キノコとして人気の）赤みがかった茶色のかさとしっかりした白みがかった身の食用キノコ。

Lektion 10
Ich hätte eine Bitte./ Wenn ich eine „Dokodemo-Tür" hätte, dann wäre ich gleich zu Hause.

できるようになること ていねいにお願いする　非現実のことを話す

ドイツ語の仕組み 接続法第2式とその用法（婉曲話法、非現実話法）

A. Ich hätte eine Bitte.

DL 69

よろしくおねがいします。

YOROSHIKU ONEGAI SHIMASU.

Leo: Aika, ich hätte eine Bitte.

Aika: Was gibt es denn?

Leo: Gerade möchte ich eine Mail an einen Japaner schreiben.

Aika: Und?

Leo: Darin möchte ich ihm gern im Voraus für seine Mühe danken. Du hast einmal erzählt, auf Japanisch gibt es eine besonders praktische Wendung. Könntest du mir mal bitte sagen, wie die heißt?

Aika: Natürlich! Da schreibst du: „Yoroshiku onegai shimasu!"

Leo: Stimmt, das war's! Könntest du bitte den Satz aufschreiben? Danke!!

パートナーと語句を入れ替えて練習しましょう。

DL 70

◆ ＿＿＿＿＿ [パートナーのVorname] , ich hätte eine Bitte.

● Was gibt es denn?

◆ *Könntest du mir mal bitte sagen, wie die praktische Wendung heißt* ?

● Natürlich! / Sehr gern! / Es tut mir leid, aber jetzt muss ich gehen.

Könntest du einige gute Sprachschulen nennen?
いい語学学校の名をいくつか挙げてくれないかな？

Würdest du mir bitte ein gutes Wörterbuch empfehlen?
何かいい辞書を推薦してくれないかな？

Könntest du mir bitte sagen, wie man am besten Japanisch lernt?
日本語を学ぶのにいちばんいい方法は何か教えてくれないかな？

課の最後にある基本練習1を解いてみましょう。➡p.65

ドイツ語の仕組み

1. 接続法第2式の形式

・接続法第2式の語形

第2式は過去基本形をもとにして作られます。語尾には必ずeが入ります。

不定詞		kommen	lernen	haben	werden	sein
過去基本形		kam	lernte	hatte	wurde	war
ich	-e	käme	lernte	hätte	würde	wäre
du	-est	kämest	lerntest	hättest	würdest	wärest
er/es/sie	-e	käme	lernte	hätte	würde	wäre
wir	-en	kämen	lernten	hätten	würden	wären
ihr	-et	kämet	lerntet	hättet	würdet	wäret
sie/ Sie	-en	kämen	lernten	hätten	würden	wären

＊ 不規則動詞の第2式は、もとにする形（過去基本形）の幹母音がa, o, uであればウムラウトします。
＊ 過去基本形がlernteのようにすでに-eで終わっている場合は、さらにeを付ける必要はありません。

2. 接続法第2式の用法（婉曲表現）

・接続法第2式：婉曲表現

事実であるのに、あたかも非現実であるかのように、控えめにていねいに表現します。接続法第2式を使うことによって、「もしよろしければ」、「もしできれば」というニュアンスが加わります。

a. ていねいな依頼

Könnten Sie mir bitte sagen, wann der Zug abfährt?
いつ列車が出発するのか、教えていただけませんか。

Würden Sie es mir noch einmal sagen? それをもう一度言っていただけませんか。

Wären Sie so freundlich, mir das Salz zu reichen? すみませんが、塩を取っていただけませんか。

b. 控えめな願望

Ich **möchte** Herrn Schmidt sprechen. シュミットさんにお目にかかりたいのですが。

Ich **hätte** eine Frage. 質問したいことがあるのですが。

Ich **hätte** gern ein Kilo Kartoffeln. じゃがいもを1キロいただきたいのですが。

Könnte ich vielleicht ein Einzelzimmer mit Bad haben?
バスつきのシングル・ルームはありませんか。

c. 控えめな提案

Wie **wäre** es, wenn wir uns morgen treffen **würden**?
明日会うことにしてはどうでしょうか。

Es **wäre** gut, wenn wir am Nachmittag eine Sitzung haben **könnten**.
午後に会議ができるといいのだけれど。

B. Wenn ich eine „Dokodemo-Tür" hätte, dann wäre ich gleich zu Hause.

DL 71

Anna: Bald kommen die Ferien. Ich fahre endlich nach Hause. Und du?
Aika: Ach, wenn ich auch nach Hause fahren könnte!
Anna: Ich verstehe, Japan ist weit weg. Du kannst nicht so einfach nach Hause fahren ...
Aika: Tja, wenn ich eine „Dokodemo-Tür" hätte, dann wäre ich gleich zu Hause.
Anna: Ja, die kenne ich. Die holt „Doraemon" aus seiner Tasche am Bauch.
So eine hätte ich auch gern!

パートナーと語句を入れ替えて練習しましょう。

DL 72

- ● **Wenn ich eine „Dokodemo-Tür" hätte,** *(dann) wäre ich gleich zu Hause* **.**
- ◆ **So eine hätte ich auch gern!**

wäre ich gleich in Berlin すぐにベルリンに行く
würde ich meine Oma in Hokkaido besuchen 北海道にいるおばあちゃんを訪ねる
könnte ich immer in Ginza shoppen いつも銀座でショッピングできる

ドラえもんのひみつ道具を持っていたらどうするか、パートナーと考えてみましょう。分からない表現は先生に聞いてみましょう。

- ● **Was würdest du machen, wenn du ____________ hättest?**
- ◆ **Wenn ich ____________ hätte, würde ich ______________________.**

ein Anki-Brötchen アンキパン	**einen Takekopter** タケコプター
ein Dolmetsch-Konnyaku ほんやくコンニャク	**eine Arzttasche** お医者さんカバン

注意：上の道具のドイツ語(訳)は一般のドイツ人には通じません…。

課の最後にある基本練習2を解いてみましょう。➡p.65

3. 接続法第2式の用法（非現実話法）

- 事実に反すること、実現不可能なことを表現する非現実話法は、接続法第2式で表します。「もし〜ならば」という条件節と、「〜だろうに」という帰結節から成ります。

  Wenn ich jetzt Zeit **hätte**, **ginge** ich in die Oper. いま時間があれば、オペラに行くのだが。

  Wenn das Wetter schön **wäre**, **machte** ich eine Reise. 天気がよければ、旅行をするのに。

- 帰結節「〜だろうに」はwürde（英：*would*）＋不定詞で書き換えることができます。日常会話では、こちらの表現をよく耳にします（特に規則変化動詞の場合、第2式と直説法過去形が同形のため）。

  Wenn ich jetzt Zeit **hätte**, **würde** ich in die Oper **gehen**. いま時間があれば、オペラに行くのだが。

  Wenn das Wetter schön **wäre**, **würde** ich eine Reise **machen**. 天気がよければ、旅行をするのに。

- 過去（以前のこと）について仮定する場合は接続法の完了形（hätte/wäre＋過去分詞）を使います。

  Wenn ich damals Zeit **gehabt hätte**, **wäre** ich in die Oper **gegangen**.
  あのとき時間があったら、オペラに行ったのだが。

  Wenn das Wetter schön **gewesen wäre**, **hätte** ich eine Reise **gemacht**.
  天気がよかったら、旅行をしたのに。

  Wenn ich damals den Preis **gewonnen hätte**, **hätte** ich jetzt mehr Geld.
  あのとき賞を取っていたら、いまもっとお金があるのに。（条件節：過去、帰結節：現在）

- 倒置によるwennの省略：wennを省略して定動詞を文頭に置く形もあります。

  Hätte ich jetzt Zeit, **würde** ich in die Oper **gehen**. いま時間があれば、オペラに行くのだが。

  Hätte ich damals Zeit **gehabt**, **wäre** ich in die Oper **gegangen**.
  あのとき時間があったら、オペラに行ったのだが。

- 帰結節を省略して、条件節を独立して用いることができます。強調のdoch、nurなどと一緒に使われることもあります。

  Wenn ich jetzt Zeit **hätte**! / **Hätte** ich jetzt Zeit! いま時間があったらなあ。

  Wenn ich doch schwimmen **könnte**! / **Könnte** ich doch schwimmen! 泳げたらなあ。

- wennに導かれる条件節がない場合（イタリックの部分が条件を表しています）

  Bei schönem Wetter **hätte** ich eine Reise **gemacht**. 天気がよかったら、旅行をしたのに。

  An deiner Stelle **würde** ich das nicht **machen**.
  もし僕が君の立場だったら、そんなことはしないだろう。

- als ob ... / als wenn ...（英：*as if ...*）「あたかも〜かのように」

  Er spricht fließend Deutsch, **als ob** er Deutscher **wäre**.
  彼はまるでドイツ人であるかのように、流暢にドイツ語を話す。
  Er tat so, **als ob** er mich noch nie **gesehen hätte**.
  彼はまるで私にまだ一度も会ったことがないかのようなふりをした。

ドイツ語の文章を読んでみましょう。

DL 73

Die deutsche Sprache in den USA

Vor 300 [dreihundert] Jahren erreichten deutsche Siedler den amerikanischen Bundesstaat Pennsylvania und ließen sich dort nieder. Die Nachfahren dieser ersten deutschen Einwanderer aus dem 18. [achtzehnten] Jahrhundert pflegen ihr deutsches Erbe bis heute. Das Pennsilfaanisch Deitsch, ein Dialekt des Deutschen, wird noch immer von der Landbevölkerung gesprochen. Aber auch viele Glaubensgemeinschaften, wie z.B. die Amish, sprechen diesen Dialekt. So gibt es in ganz Amerika etwa 40.000 [vierzigtausend] Menschen, die ihn als Muttersprache sprechen. Es gibt sogar eine Legende, laut der Deutsch einmal fast die offizielle Amtssprache der USA geworden wäre.

語句　**die Sprache:** 言語　**die USA (*Pl.*):** アメリカ合衆国　**erreichen:** 到達する　**der Siedler, –:** 移民　**der Bundesstaat:** 連邦州　**ließen sich ... nieder < sich[A/4] nieder|lassen**「定住する」の過去形（複数）　**der Nachfahre, -n:** 子孫　**der Einwanderer, –:** 移入者　**pflegen:** 大切にする　**das Erbe:** 遺産　**der Dialekt:** 方言　**des Deutschen < das Deutsche**「ドイツ語」の Gen. [2格]「ドイツ語の」〔「ドイツ語」は **Deutsch, die deutsche Sprache, das Deutsche**と表現できます〕　**die Landesbevölkerung:** 土地の住民　**die Glaubensgemeinschaft, -en:** 信仰共同体　**der Amish, –:** アーミッシュの人（古くからの宗教的な伝統を維持して暮らしているドイツ語系の住民）　**laut ...**[G/2]もしくは[D/3]**:** …によれば〔続く**der**は**eine Legende**を受ける女性 Dat. [3格]の関係代名詞で「その伝説によれば」〕　**offiziell:** 公式の　**die Amtssprache:** 公用語　**geworden wäre:** なっていたかもしれない〔現実は「なっていない」ので、過去の非現実として接続法第2式〕

より正確で美しい発音を目指しましょう。【子音での音の脱落など】

DL 74

- 音の脱落は次のような子音の場合もあります。

Bist du Student?　　Hast du einen Kuli?

日常語ではbistとhastの末尾の-tが脱落します。「ビス ドゥー …」や「ハス ドゥー …」と聞こえます。

Komm mal bitte vorbei!

この場合、malはニュースや講義、挨拶などの公的な場面を除いて、通常のリラックスした会話では[maː][ma] [mə]のようにｌが省略されてしまいます。

◎また鼻音のinでは、以下のような場合、続く子音（ここではmとb）の影響で音が[im]と発音されます。

in München　　Kinder in Bremen

練習　下線部に注意して、早めの口調で読んでみましょう。

DL 75

Komm mal her und sieh mal!　　Kennst du den Mann da?

Fahren wir mal zum Museum!　　Hast du eine Wohnung in Berlin?

基本練習1　例にならって、「～をいただきたいのですが」と言って買い物をしてみましょう。 DL 95

● Guten Tag, bitte sehr? (ein Kilo Tomaten)

◆ Guten Tag, ich möchte ein Kilo Tomaten. / ich hätte gern ein Kilo Tomaten.

1) ● Guten Tag, bitte schön? (2 Kilo Äpfel)

◆ ______________________________

2) ● Guten Tag, bitte sehr? (3 Pfund Kartoffeln)

◆ ______________________________

3) ● Guten Tag, bitte sehr? (200 Gramm Schinken)

◆ ______________________________

基本練習2　例にならって、質問に答えましょう。 DL 96

● Was würden Sie machen, wenn Sie Zeit hätten? (ich, einkaufen gehen)

◆ Wenn ich Zeit hätte, würde ich einkaufen gehen.

1) ● Was würdest du machen, wenn du 10.000 Euro hättest? (ich, eine Weltreise machen)

◆ ______________________________

2) ● Was würdet ihr machen, wenn das Wetter schön wäre? (wir, ans Meer fahren)

◆ ______________________________

3) ● Was würdest du machen, wenn du reich wärest? (ich, ein großes Haus kaufen)

◆ ______________________________

【ドイツ語になった日本語の説明（Duden Universalwörterbuchより）と訳例 (2)】

das Sudoku, -s: 数独

Zahlenrätsel, das aus einem großen Quadrat besteht, das in neun kleinere Quadrat unterteilt ist, die ihrerseits jeweils drei mal drei Kästchen enthalten, in die teilweise Ziffern eingegeben sind und deren leere Felder so auszufüllen sind, dass in jeder waagrechten Zeile und jeder senkrechten Spalte des gesamten Quadrats sowie innerhalb der neun kleineren Quadrate alle Ziffern von 1 bis 9 nur einmal vorkommen.

数字のクイズであり、1つの大きな正方形からできていて、それは9個の小さな正方形に分割されており、さらにそれぞれ3×3個のマスを含んでいる。そこには部分的に数字が書き込まれおり、空いたマスには、全体の正方形のそれぞれの水平（横）の列と垂直（縦）の段、さらには9個の小さな正方形の中でも1から9までの数が1度だけ出てくるように書き込む必要がある。

de.wikipediaより

著者紹介
柿沼義孝（かきぬま　よしたか）
　獨協大学外国語学部ドイツ語学科
黒子葉子（くろご　ようこ）
　獨協大学外国語学部ドイツ語学科
佐藤恵（さとう　めぐみ）
　慶應義塾大学文学部独文学専攻
マティアス・ビティヒ　Matthias Wittig
　獨協大学外国語学部ドイツ語学科
矢羽々崇（やはば　たかし）
　獨協大学外国語学部ドイツ語学科

ABCドイツ語　初級総合読本２

2024年 2 月 1 日　印刷
2024年 2 月10日　発行

著　者© 柿　沼　義　孝
　　　　黒　子　葉　子
　　　　佐　藤　　　恵
　　　　マティアス・ビティヒ
　　　　矢　羽　々　崇
発行者　岩　堀　雅　己
印刷所　開成印刷株式会社

発行所　101-0052東京都千代田区神田小川町3の24
電話 03-3291-7811（営業部），7821（編集部）
www.hakusuisha.co.jp
乱丁・落丁本は，送料小社負担にてお取り替えいたします。
株式会社 白水社

振替 00190-5-33228
株式会社島崎製本

ISBN978-4-560-06442-9

Printed in Japan

不規則変化動詞

不　定　詞	過去基本形	過 去 分 詞	直説法現在	接 続 法 II
befehlen 命じる	**befahl**	**befohlen**	ich befehle du befiehlst er befiehlt	beföhle/ befähle
beginnen 始める, 始まる	**begann**	**begonnen**		begänne/ 稀 begönne
beißen 嚙む	**biss** du bissest	**gebissen**		bisse
biegen 曲がる (s); 曲げる (h)	**bog**	**gebogen**		böge
bieten 提供する	**bot**	**geboten**		böte
binden 結ぶ	**band**	**gebunden**		bände
bitten 頼む	**bat**	**gebeten**		bäte
blasen 吹く	**blies**	**geblasen**	ich blase du bläst er bläst	bliese
bleiben とどまる (s)	**blieb**	**geblieben**		bliebe
braten (肉を) 焼く	**briet**	**gebraten**	ich brate du brätst er brät	briete
brechen 破れる (s); 破る (h)	**brach**	**gebrochen**	ich breche du brichst er bricht	bräche
brennen 燃える, 燃やす	**brannte**	**gebrannt**		brennte
bringen もたらす	**brachte**	**gebracht**		brächte
denken 考える	**dachte**	**gedacht**		dächte
dringen 突き進む (s)	**drang**	**gedrungen**		dränge

不　定　詞	過去基本形	過　去　分　詞	直説法現在	接　続　法　II
dürfen …してもよい	**durfte**	**gedurft/** **dürfen**	ich　darf du　darfst er　darf	dürfte
empfehlen 勧める	**empfahl**	**empfohlen**	ich　empfehle du　empfiehlst er　empfiehlt	empföhle/ empfähle
essen 食べる	**aß**	**gegessen**	ich　esse du　isst er　isst	äße
fahren (乗物で)行く (s, h)	**fuhr**	**gefahren**	ich　fahre du　fährst er　fährt	führe
fallen 落ちる(s)	**fiel**	**gefallen**	ich　falle du　fällst er　fällt	fiele
fangen 捕える	**fing**	**gefangen**	ich　fange du　fängst er　fängt	finge
finden 見つける	**fand**	**gefunden**		fände
fliegen 飛ぶ(s, h)	**flog**	**geflogen**		flöge
fliehen 逃げる(s)	**floh**	**geflohen**		flöhe
fließen 流れる(s)	**floss**	**geflossen**		flösse
fressen (動物が)食う	**fraß**	**gefressen**	ich　fresse du　frisst er　frisst	fräße
frieren 寒い, 凍る (h, s)	**fror**	**gefroren**		fröre
geben 与える	**gab**	**gegeben**	ich　gebe du　gibst er　gibt	gäbe
gehen 行く(s)	**ging**	**gegangen**		ginge
gelingen 成功する(s)	**gelang**	**gelungen**	es gelingt	gelänge
gelten 通用する	**galt**	**gegolten**	ich　gelte du　giltst er　gilt	gälte/ gölte

不　定　詞	過去基本形	過 去 分 詞	直説法現在	接 続 法 II
genießen 楽しむ	**genoss** du genossest	**genossen**		genösse
geschehen 起こる(s)	**geschah**	**geschehen**	es geschieht	geschähe
gewinnen 得る	**gewann**	**gewonnen**		gewönne/ gewänne
gießen 注ぐ	**goss** du gossest	**gegossen**		gösse
gleichen 等しい	**glich**	**geglichen**		gliche
graben 掘る	**grub**	**gegraben**	ich grabe du gräbst er gräbt	grübe
greifen つかむ	**griff**	**gegriffen**		griffe
haben 持っている	**hatte**	**gehabt**	ich habe du hast er hat	hätte
halten 保つ	**hielt**	**gehalten**	ich halte du hältst er hält	hielte
hängen 掛かっている	**hing**	**gehangen**		hinge
heben 持ちあげる	**hob**	**gehoben**		höbe
heißen …と呼ばれる	**hieß**	**geheißen**		hieße
helfen 助ける	**half**	**geholfen**	ich helfe du hilfst er hilft	hülfe/ 稀 hälfe
kennen 知っている	**kannte**	**gekannt**		kennte
klingen 鳴る	**klang**	**geklungen**		klänge
kommen 来る(s)	**kam**	**gekommen**		käme

不　定　詞	過去基本形	過　去　分　詞	直説法現在	接 続 法 II
können …できる	**konnte**	**gekonnt**/ **können**	ich kann du kannst er kann	könnte
kriechen はう(s)	**kroch**	**gekrochen**		kröche
laden 積む	**lud**	**geladen**	ich lade du lädst er lädt	lüde
lassen …させる, 放置する	**ließ**	**gelassen**/ **lassen**	ich lasse du lässt er lässt	ließe
laufen 走る, 歩く (s, h)	**lief**	**gelaufen**	ich laufe du läufst er läuft	liefe
leiden 苦しむ	**litt**	**gelitten**		litte
leihen 貸す, 借りる	**lieh**	**geliehen**		liehe
lesen 読む	**las**	**gelesen**	ich lese du liest er liest	läse
liegen 横たわっている	**lag**	**gelegen**		läge
lügen 嘘をつく	**log**	**gelogen**		löge
meiden 避ける	**mied**	**gemieden**		miede
messen 計る	**maß**	**gemessen**	ich messe du misst er misst	mäße
mögen 好む	**mochte**	**gemocht**/ **mögen**	ich mag du magst er mag	möchte
müssen …しなければ ならない	**musste**	**gemusst**/ **müssen**	ich muss du musst er muss	müsste
nehmen 取る	**nahm**	**genommen**	ich nehme du nimmst er nimmt	nähme
nennen 名づける	**nannte**	**genannt**		nennte

不 定 詞	過去基本形	過 去 分 詞	直説法現在	接 続 法 II
preisen 称賛する	**pries**	**gepriesen**		priese
raten 助言する	**riet**	**geraten**	ich rate du rätst er rät	riete
reißen 裂ける (s); 裂く (h)	**riss** du rissest	**gerissen**		risse
reiten 馬で行く (s, h)	**ritt**	**geritten**		ritte
rennen 駆ける (s)	**rannte**	**gerannt**		rennte
riechen におう	**roch**	**gerochen**		röche
rufen 呼ぶ, 叫ぶ	**rief**	**gerufen**		riefe
schaffen 創造する	**schuf**	**geschaffen**		schüfe
scheiden 分ける	**schied**	**geschieden**		schiede
scheinen 輝く, …に見える	**schien**	**geschienen**		schiene
schelten 叱る	**schalt**	**gescholten**	ich schelte du schiltst er schilt	schölte
schieben 押す	**schob**	**geschoben**		schöbe
schießen 撃つ, 射る	**schoss** du schossest	**geschossen**		schösse
schlafen 眠る	**schlief**	**geschlafen**	ich schlafe du schläfst er schläft	schliefe
schlagen 打つ	**schlug**	**geschlagen**	ich schlage du schlägst er schlägt	schlüge
schließen 閉じる	**schloss** du schlossest	**geschlossen**		schlösse

不　定　詞	過去基本形	過　去　分　詞	直説法現在	接　続　法　II
schneiden 切る	**schnitt**	**geschnitten**		schnitte
***er*schrecken** 驚く	**erschrak**	**erschrocken**	ich　erschrecke du　erschrickst er　erschrickt	erschräke
schreiben 書く	**schrieb**	**geschrieben**		schriebe
schreien 叫ぶ	**schrie**	**geschrie[e]n**		schriee
schreiten 歩む(s)	**schritt**	**geschritten**		schritte
schweigen 黙る	**schwieg**	**geschwiegen**		schwiege
schwimmen 泳ぐ(s, h)	**schwamm**	**geschwommen**		schwömme/ schwämme
schwören 誓う	**schwor**	**geschworen**		schwüre/ 稀 schwöre
sehen 見る	**sah**	**gesehen**	ich　sehe du　siehst er　sieht	sähe
sein ある, 存在する	**war**	**gewesen**	直説法現在　　接続法 I ich bin　　sei du bist　　sei[e]st er ist　　sei wir sind　　seien ihr seid　　seiet sie sind　　seien	wäre
senden 送る	**sandte/** **sendete**	**gesandt/** **gesendet**		sendete
singen 歌う	**sang**	**gesungen**		sänge
sinken 沈む(s)	**sank**	**gesunken**		sänke
sitzen 座っている	**saß**	**gesessen**		säße
sollen …すべきである	**sollte**	**gesollt/** **sollen**	ich　soll du　sollst er　soll	sollte

不　定　詞	過去基本形	過 去 分 詞	直説法現在	接 続 法 II
sprechen 話す	**sprach**	**gesprochen**	ich spreche du sprichst er spricht	spräche
springen 跳ぶ(s, h)	**sprang**	**gesprungen**		spränge
stechen 刺す	**stach**	**gestochen**	ich steche du stichst er sticht	stäche
stehen 立っている	**stand**	**gestanden**		stünde/ stände
stehlen 盗む	**stahl**	**gestohlen**	ich stehle du stiehlst er stiehlt	stähle/ 稀 stöhle
steigen 登る(s)	**stieg**	**gestiegen**		stiege
sterben 死ぬ(s)	**starb**	**gestorben**	ich sterbe du stirbst er stirbt	stürbe
stoßen 突く(h); ぶつかる(s)	**stieß**	**gestoßen**	ich stoße du stößt er stößt	stieße
streichen なでる	**strich**	**gestrichen**		striche
streiten 争う	**stritt**	**gestritten**		stritte
tragen 運ぶ	**trug**	**getragen**	ich trage du trägst er trägt	trüge
treffen 出会う	**traf**	**getroffen**	ich treffe du triffst er trifft	träfe
treiben 駆りたてる	**trieb**	**getrieben**		triebe
treten 踏む(h); 歩む(s)	**trat**	**getreten**	ich trete du trittst er tritt	träte
trinken 飲む	**trank**	**getrunken**		tränke
tun する, 行う	**tat**	**getan**		täte

不　定　詞	過去基本形	過　去　分　詞	直説法現在	接　続　法 II
verderben だめになる(s); だめにする(h)	**verdarb**	**verdorben**	ich verderbe du verdirbst er verdirbt	verdürbe
vergessen 忘れる	**vergaß**	**vergessen**	ich vergesse du vergisst er vergisst	vergäße
verlieren 失う	**verlor**	**verloren**		verlöre
wachsen 成長する(s)	**wuchs**	**gewachsen**	ich wachse du wächst er wächst	wüchse
waschen 洗う	**wusch**	**gewaschen**	ich wasche du wäschst er wäscht	wüsche
weisen 指示する	**wies**	**gewiesen**		wiese
wenden 向きを変える	**wandte/** **wendete**	**gewandt/** **gewendet**		wendete
werben 募集する	**warb**	**geworben**	ich werbe du wirbst er wirbt	würbe
werden …になる(s)	**wurde**	**geworden/** 受動 **worden**	ich werde du wirst er wird	würde
werfen 投げる	**warf**	**geworfen**	ich werfe du wirfst er wirft	würfe
wiegen 重さを量る	**wog**	**gewogen**		wöge
wissen 知っている	**wusste**	**gewusst**	ich weiß du weißt er weiß	wüsste
wollen 欲する	**wollte**	**gewollt/** **wollen**	ich will du willst er will	wollte
ziehen 引く(h); 移動する(s)	**zog**	**gezogen**		zöge
zwingen 強制する	**zwang**	**gezwungen**		zwänge

《新版》できる・つたわる

コミュニケーション中国語

別冊単語帳

白水社

第1課

会話

		漢字	ピンイン
nǐ 你	あなた		
hǎo 好	よい、元気である		
shì 是	～である		
Zhōngguórén 中国人	中国人		
ma 吗	～か〔疑問を表す〕		
bù 不	～ない〔否定を表す〕		
wǒ 我	私		
Rìběnrén 日本人	日本人		
liúxuéshēng 留学生	留学生		
rènshi 认识	知り合う		
hěn 很	とても		
gāoxìng 高兴	うれしい		

文法のポイント

nín 您	あなた〔敬称〕		
tā 他	彼		
tā 她	彼女		
wǒmen 我们	私たち		

nǐmen 你们	あなたたち		
tāmen 他们	彼ら		
tāmen 她们	彼女たち		
dàxuéshēng 大学生	大学生		
Hánguórén 韩国人	韓国人		

練習

xuésheng 学生	学生		
lǎoshī 老师	先生、教師		
wàiguórén 外国人	外国人		
fānyì 翻译	通訳、翻訳者		
dàifu 大夫	医者		

◆ **簡体字の形に気をつけて練習しましょう。**

吗	吗		

认	认		

们	们		

师	师		

第２課

会話

		漢字	ピンイン
shéi 谁	だれ		
péngyou 朋友	友達		
jiào 叫	（名前を）～という		
shénme 什么	何、何の		
míngzi 名字	名前		
Liú Lì 刘丽	劉麗〔人名〕		
de 的	～の		
àihào 爱好	趣味		
yóuyǒng 游泳	泳ぐ		

文法のポイント

Ābù 阿部	阿部〔人名〕		
Gāng 刚	剛〔人名〕		
shū 书	本		
gēge 哥哥	兄、お兄さん		
chē 车	車		
tīng 听	聞く、聴く		
yīnyuè 音乐	音楽		

bàba 爸爸	父、お父さん		
xuéxiào 学校	学校		
gōngsī 公司	会社		
tóngxué 同学	クラスメート		
yéye 爷爷	（父方の）祖父		
nǎinai 奶奶	（父方の）祖母		
lǎoye 姥爷	（母方の）祖父		
lǎolao 姥姥	（母方の）祖母		
māma 妈妈	母、お母さん		
dìdi 弟弟	弟		
jiějie 姐姐	姉、お姉さん		
mèimei 妹妹	妹		

練習

kàn 看	見る、読む		
chàng 唱	歌う		
gē 歌	歌		
Ānnà 安娜	アンナ〔人名〕		

第3課

会話

		漢字	ピンイン
hē 喝	飲む		
kāfēi 咖啡	コーヒー		
ne 呢	～は？ 〔省略疑問文を作る〕		
hóngchá 红茶	紅茶		
chī 吃	食べる		
dàngāo 蛋糕	ケーキ		
bùdīng 布丁	プリン、プディング		
yě 也	～も		

文法のポイント

wūlóngchá 乌龙茶	ウーロン茶		
Zhōngguócài 中国菜	中華料理		
diànshì 电视	テレビ		
xué 学	勉強する、学ぶ、習う		
Hànyǔ 汉语	中国語		
xuéxí 学习	勉強する、学ぶ、習う		
Yīngyǔ 英语	英語		

練習

kělè 可乐	コーラ		
niúnǎi 牛奶	牛乳		
kuàngquánshuǐ 矿泉水	ミネラルウォーター		
hànbǎobāo 汉堡包	ハンバーガー		
Yìdàlìmiàn 意大利面	スパゲティ		

◆ 簡体字の形に気をつけて練習しましょう。

喝	喝		

吃	吃		

语	语		

习	习		

乐	乐		

包	包		

第4課

会話

		漢字	ピンイン
zhōumò 周末	週末		
máng 忙	忙しい		
xīngqīliù 星期六	土曜日		
xīngqītiān 星期天	日曜日		
dǎgōng 打工	アルバイトをする		
xiànzài 现在	今、現在		
zuòyè 作业	宿題		
duō 多	多い		
tèbié 特别	特に、とりわけ		
zhēn 真	本当に		
xīnkǔ 辛苦	辛い、大変である		

文法のポイント

hǎochī 好吃	（食べ物が）おいしい		
hǎohē 好喝	（飲み物が）おいしい		
xīngqīyī 星期一	月曜日		
xīngqī'èr 星期二	火曜日		
xīngqīsān 星期三	水曜日		

xīngqīsì 星期四	木曜日		
xīngqīwǔ 星期五	金曜日		
xīngqīrì 星期日	日曜日		
qiántiān 前天	おととい		
zuótiān 昨天	昨日		
jīntiān 今天	今日		
míngtiān 明天	明日		
hòutiān 后天	あさって		
měitiān 每天	毎日		
xīngqī jǐ 星期几	何曜日		
bīngqílín 冰淇淋	アイスクリーム		

練習

rè 热	暑い、熱い		
lěng 冷	寒い		
nuǎnhuo 暖和	暖かい		
liángkuai 凉快	涼しい		
xié 鞋	靴		

hǎokàn 好看	（視覚的に）美しい、きれい		
hǎotīng 好听	（音楽、声、音などが聴覚的に）美しい		

◆ 簡体字の形に気をつけて練習しましょう。

现	现		
真	真		
热	热		

别	别		
冰	冰		
凉	凉		

第5課

会話

		漢字	ピンイン
qù 去	行く		
nǎr 哪儿	どこ		
shítáng 食堂	食堂		
xiàwǔ 下午	午後		
jǐ 几	いくつ		
diǎn 点	～時〔時間の単位〕		
xiàkè 下课	授業が終わる		
sì 四	四		
bàn 半	30分、半分		
yǐhòu 以后	～のあと、以後		
hé 和	～と		
túshūguǎn 图书馆	図書館		
ba 吧	～しよう〔勧誘を表す〕		

文法のポイント

Sègǔ 涩谷	渋谷		
Fúsāng 扶桑	扶桑		
dàxué 大学	大学		

liǎng 两	二		
yī 一	一		
èr 二	二		
sān 三	三		
wǔ 五	五		
liù 六	六		
qī 七	七		
bā 八	八		
jiǔ 九	九		
shí 十	十		
líng 零	零		
fēn 分	～分〔時間の単位〕		
kè 刻	15 分〔1 時間の 4 分の 1 を表す〕		
chà 差	足りない、欠ける		
zǎoshang 早上	朝		
shàngwǔ 上午	午前		

zhōngwǔ 中午	午後		
wǎnshang 晚上	夜		
yèli 夜里	夜中		
zǎofàn 早饭	朝ごはん、朝食		

練習

qǐchuáng 起床	起きる、起床する		
xǐzǎo 洗澡	入浴する、シャワーを浴びる		
shuìjiào 睡觉	寝る		
biànlìdiàn 便利店	コンビニエンスストア		
dòngwùyuán 动物园	動物園		

◆ 簡体字の形に気をつけて練習しましょう。

图	图		

书	书		

两	两		

动	动		

第6課

会話

		漢字	ピンイン
zhè (zhèi) 这	これ、この		
yàoshi 钥匙	鍵		
xièxie 谢谢	ありがとう		
cāntīng 餐厅	レストラン		
zài 在	～にある、～にいる		
lóu 楼	～階 〔建物の階数を数える〕		
kāfēitīng 咖啡厅	カフェ、喫茶店		
zǎocān 早餐	朝食		
kāishǐ 开始	始まる		

文法のポイント

nà (nèi) 那	あれ、それ、あの、その		
shǒujī 手机	携帯電話		
nàr 那儿	そこ、あそこ		
nǎli 哪里	どこ		
zhèr 这儿	ここ		
zhèli 这里	ここ		
nàli 那里	そこ、あそこ		

練習

shǒubiǎo 手表	腕時計		
hùzhào 护照	パスポート		
kèběn 课本	教科書		
yóujú 邮局	郵便局		
xǐshǒujiān 洗手间	トイレ、化粧室		

◆ 簡体字の形に気をつけて練習しましょう。

钥	钥		
厅	厅		

谢	谢		
间	间		

第 7 課

会話

		漢字	ピンイン
yǒu 有	ある、いる		
mápó qiézi 麻婆茄子	麻婆ナス		
méi yǒu 没有	ない、持っていない		
mápó dòufu 麻婆豆腐	麻婆豆腐		
hé 和	～と…		
hóngshāo qiézi 红烧茄子	ナスの醤油煮		
yào 要	要る、ほしい		
ge 个	～個、～人		
yǐnliào 饮料	飲みもの、飲料		
zhāpí 扎啤	生ビール		
qǐng 请	～してください		
děng 等	待つ		
yíxià 一下	少し、ちょっと		
fúwùyuán 服务员	(ホテルやレストランの) 従業員		
mǎidān 买单	勘定を払う		

文法のポイント

cídiǎn 词典	辞書		

Zhōngguó 中国	中国		

練習

bǐ 笔	筆記具		
cānkǎoshū 参考书	参考書		
miànbāo 面包	パン		
bāozi 包子	中華まんじゅう		

◆ 簡体字の形に気をつけて練習しましょう。

烧 烧

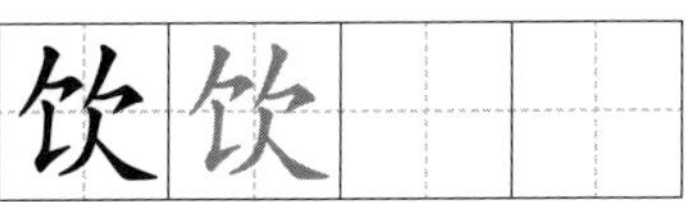

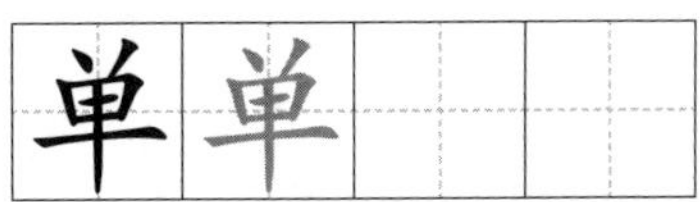

第8課

会話

		漢字	ピンイン
zhège (zhèige) 这个	これ、この		
duōshao qián 多少钱	いくら〔値段〕		
kuài 块	～元〔貨幣単位、「元」の通称〕		
tài ~ le 太～了	～すぎる		
guì 贵	（値段が）高い		
piányi 便宜	安い		
(yì)diǎnr (一)点儿	少し、ちょっと		
zěnmeyàng 怎么样	どう		
zài 再	さらに、もっと		
ba 吧	～してください〔要求・命令などを表す〕		
mǎi 买	買う		

文法のポイント

nàge (nèige) 那个	あれ、それ、あの、その		
nǎge (něige) 哪个	どれ、どの		
cài 菜	料理、おかず		
rén 人	人		
zhāng 张	～枚		

piào 票	チケット、切符		
zhàopiàn 照片	写真		
běn 本	～冊		
bēi 杯	～杯		
jiàn 件	～件、～着、～枚〔事柄や上着などを数える〕		
shàngyī 上衣	上着		
chènshān 衬衫	ワイシャツ、ブラウス		
shuāng 双	～膳、～足〔2つでペアのものを数える〕		
kuàizi 筷子	箸		
yuán 元	～元〔貨幣単位〕		
jiǎo 角	～角〔貨幣単位、1元の10分の1〕		
fēn 分	～分〔貨幣単位、1元の100分の1〕		
máo 毛	～角〔貨幣単位、「角」の通称〕		
bǎi 百	百		

練習

dìtú 地图	地図		
píxié 皮鞋	革靴		
T xùshān T 恤衫	T シャツ		

復習 2

		漢字	ピンイン
Lìhuā 立花	立花〔人名〕		
wèn 问	尋ねる		
Zhōngcān 中餐	中華料理		
Rìcān 日餐	日本料理		
Xīcān 西餐	西洋料理		
fàncài 饭菜	ごはんとおかず		
fèn 份	～人前		
gālífàn 咖喱饭	カレーライス		
Rìyuán 日元	日本円		
fàn 饭	ごはん、食事		

第9課

会話

		漢字	ピンイン
shǔjià 暑假	夏休み		
le 了	～した〔動作の発生を表す〕		
Běijīng 北京	北京		
cānguān 参观	見学する		
Gùgōng 故宫	故宮		
méi(you) 没(有)	～しなかった、～していない		
shíjiān 时间	時間		
yíhàn 遗憾	残念である		
xiàcì 下次	次回		
yìqǐ 一起	一緒に		

文法のポイント

dǎ 打	（手を使う球技を）する		
wǎngqiú 网球	テニス		
Shànghǎi 上海	上海		
zuò 做	する、やる		
lǚxíng 旅行	旅行する		
hǎibiān 海边	海、海辺		

lái 来	来る		
chāoshì 超市	スーパーマーケット		
dōngxi 东西	もの、品物		

練習

chūfā 出发	出発する		
bìyè 毕业	卒業する		
jiéhūn 结婚	結婚する		
zhǎnlǎn 展览	展覧会		
diànyǐng 电影	映画		
Rìběn 日本	日本		

◆ 簡体字の形に気をつけて練習しましょう。

观	观		

网	网		

东	东		

发	发		

第 10 課

会話

		漢字	ピンイン
guò 过	過ごす		
de 得	〔様態補語を導く〕		
yúkuài 愉快	楽しい、愉快だ		
Běihǎidào 北海道	北海道		
shì ~ de 是～的	～なのだ、～したのだ		
gēn 跟	～と		
jiālirén 家里人	家の人、家族		

文法のポイント

pǎo 跑	走る		
kuài 快	（速度が）速い		
yóu 游	泳ぐ		
shénme shíhou 什么时候	いつ		
qùnián 去年	去年		

練習

tiào 跳	踊る、飛ぶ		

第 11 課

会話

		漢字	ピンイン
zhù 祝	祝う		
shēngrì 生日	誕生日		
kuàilè 快乐	楽しい		
le 了	～した〔動作の完了を表す〕		
xiǎo 小	小さい		
lǐwù 礼物	プレゼント、贈り物		
xiǎng 想	～したい		
qǐngkè 请客	ごちそうする、おごる		
zhēn de 真的	本当に		
zài 在	～で		
chēzhàn 车站	駅、バス停		
nà (nèi) 那	それでは		
mǎshàng 马上	すぐに		

文法のポイント

píng 瓶	～本〔びん類を数える〕		
jiǎozi 饺子	餃子		
jiā 家	家		

yínháng 银行	銀行		

練習

Rìběncài 日本菜	日本料理		
Hánguócài 韩国菜	韓国料理		
chūbǎnshè 出版社	出版社		
gōngzuò 工作	仕事する、働く		

◆ 簡体字の形に気をつけて練習しましょう。

车	车		

马	马		

饺	饺		

银	银		

第 12 課

会話

		漢字	ピンイン
xià xīngqīliù 下星期六	来週の土曜日		
a 啊	〔語気をやわらげる〕		
háishi 还是	それとも		
dào 到	到着する、行く		
zěnme 怎么	どのように、どうやって		
zǒu 走	歩く、行く		
zuò 坐	（乗り物に）乗る、座る		
dìtiě 地铁	地下鉄		
jiē 接	出迎える、迎える		
hòu 后	後、～のあと		
gěi 给	～に		
dǎ 打	（電話を）かける		
diànhuà 电话	電話		

文法のポイント

Hànzì 汉字	漢字		
niàn 念	（声を出して）読む		
xiě 写	書く		

xìn 信	手紙		
fā 发	出す、発送する		
yóujiàn 邮件	郵便物、メール		

練習

yòng 用	使う、用いる		
jiàoshì 教室	教室		
míngxìnpiàn 明信片	ハガキ		
yīmèir 伊妹儿	メール		

◆ 簡体字の形に気をつけて練習しましょう。

铁	铁		

给	给		

话	话		

写	写		

第13課

会話

		漢字	ピンイン
duōcháng shíjiān 多长时间	どのくらいの時間		
bànnián 半年	半年		
guo 过	～したことがある 〔経験を表す〕		
dànshì 但是	しかし		
lǎojiā 老家	実家		
gěi 给	（～に…を）あげる、 くれる		

文法のポイント

nián 年	～年		
xiǎoshí 小时	～時間		

練習

zhù 住	住む		
kǎoyā 烤鸭	北京ダック		
Hánguó 韩国	韓国		

◆ 簡体字の形に気をつけて練習しましょう。

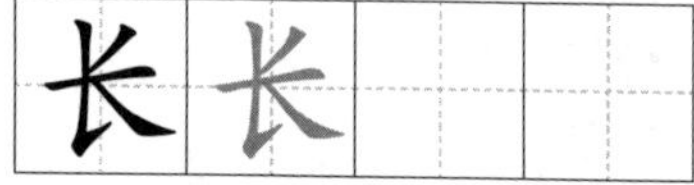

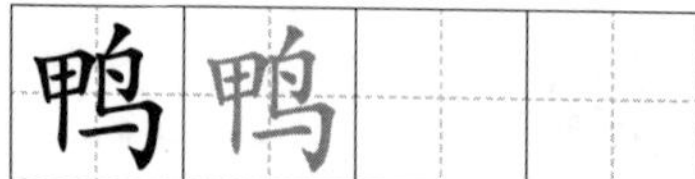

復習 3

		漢字	ピンイン
yǐqián 以前	以前		
yīnwèi 因为	～なので、なぜなら		
juéde 觉得	～と思う		
Shānběn 山本	山本〔人名〕		

第 14 課

会話

		漢字	ピンイン
Fùshìshān 富士山	富士山		
néng 能	～できる		
dài 带	連れる		
kěyǐ 可以	（返答として）いいよ		
wèntí 问题	問題		
zánmen 咱们	（話し手・聞き手を含む）私たち		
huì 会	（習得して）～できる		
kāichē 开车	車を運転する		

文法のポイント

shuō 说	話す、言う		
huáxuě 滑雪	スキーをする		
cānjiā 参加	参加する		

練習

fēijī 飞机	飛行機		
chūzūchē 出租车	タクシー		
qí 骑	（自転車などに）乗る		
zìxíngchē 自行车	自転車		
huábīng 滑冰	スケートをする		

第 15 課

会話

		漢字	ピンイン
xīn 新	新しい		
bǐ 比	～より		
piàoliang 漂亮	きれいだ、すてきだ		
bú tài 不太～	あまり～でない		
gōngnéng 功能	機能		
qīng 轻	軽い		
zhòng 重	重い		

文法のポイント

gāo 高	高い、背が高い		
nán 难	難しい		
yǒu yìsi 有意思	おもしろい		

練習

chá 茶	お茶		
zì 字	字		
ǎi 矮	（身長が）低い		
pàng 胖	太っている		
shòu 瘦	痩せている		

第 16 課

会話

		漢字	ピンイン
zū 租	（お金を払って）借りる		
fáng 房	家、部屋		
lí 离	～から、～まで		
jìn 近	近い		
yuè 月	月〔暦〕		
wàn 万	万		
yǒudiǎnr 有点儿	少し、ちょっと		
méi(you) 没(有)	～ほど…でない		
biéde 别的	ほかの（もの、こと）		

文法のポイント

yuǎn 远	遠い		
tiānqì 天气	天気		
shūfu 舒服	心地よい、気持ちがいい		
shì 试	試す		
cháng 尝	味をみる、食べてみる		

練習

yīyuàn 医院	病院		
dà 大	（年齢が）大きい		

第 17 課

会話

		漢字	ピンイン
zài 在	～している		
bàogào 报告	レポート、報告書		
ne 呢	～しているんですよ 〔進行を表す〕		
hái 还	まだ		
xiěwán 写完	書き終わる		
chà 差	足りない、劣っている		
zǎojiù 早就	とっくに、ずっと前に		
xiànmù 羡慕	うらやむ、うらやましい		

文法のポイント

kànwán 看完	読み終わる		
xiěcuò 写错	書き間違える		
hàomǎ 号码	番号		
jìzhù 记住	しっかり覚える		
shǒu 首	～首〔詩などを数える〕		
shī 诗	詩		
xuéhǎo 学好	マスターする		

練習

chīwán 吃完	食べ終わる		
xǐwán 洗完	洗い終わる		
wánr 玩儿	遊ぶ		
yóuxì 游戏	ゲーム		
zhǔnbèi 准备	準備する		
kǎoshì 考试	試験		

◆ 簡体字の形に気をつけて練習しましょう。

报	报		

差	差		

码	码		

戏	戏		

第 18 課

会話

		漢字	ピンイン
tèyì 特意	わざわざ		
sòng 送	（人を）見送る、送る		
nǎli nǎli 哪里哪里	いえいえ、どういたしまして		
yào 要	～しなければならない		
le 了	〔変化を表す〕		
bùhǎoyìsi 不好意思	申し訳ない、気がひける		
cháng 常	よく、いつも		
liánxì 联系	連絡する		
yídìng 一定	きっと、必ず		
yílù shùnfēng 一路顺风	道中ご無事で		

文法のポイント

shàngkè 上课	授業に行く、授業を受ける		
búyòng 不用	～する必要がない		

練習

huí jiā 回家	家に帰る		
jiāo 交	提出する、渡す		

復習 4

		漢字	ピンイン
diànchē 电车	電車		
fāngbiàn 方便	便利である		
érqiě 而且	そのうえ		
bǐjiào 比较	比較的、わりに		
de shíhou ～的时候	～のとき		
liúyán 留言	書き置き、伝言		
gàosu 告诉	（～に…を）伝える		
tóngwū 同屋	ルームメート		
huílai 回来	帰ってくる		
wǎnfàn 晚饭	夕飯		

（2023 年 2 月 10 日発行）